EN İYİ KOLOMBİYA YEMEK KİTABI

Güney Amerika'nın Zengin Mirasını Kutlayan 100 Tarif

Daniela Otto

Telif Hakkı Malzemesi ©2024

Her hakkı saklıdır

Bu kitabın hiçbir bölümü, incelemede kullanılan kısa alıntılar dışında, yayıncının ve telif hakkı sahibinin uygun yazılı izni olmadan, hiçbir şekilde veya yöntemle kullanılamaz veya aktarılamaz. Bu kitap tıbbi, hukuki veya diğer profesyonel tavsiyelerin yerine geçmemelidir.

İÇİNDEKİLER

- İÇİNDEKİLER 3
- GİRİİŞ 6
- **KAHVALTI** 7
  - 1. KOLOMBİYALI CHORİZO 8
  - 2. GELENEKSEL KOLOMBİYA KAHVALTISI (CALENTADO) 10
  - 3. HUEVOS PERİCOS 12
  - 4. CALDO DE COSTİLLA 14
  - 5. KOLOMBİYA MANYOK EKMEĞİ (PANDEBONO) 16
  - 6. KOLOMBİYA PÜRESİ YEŞİL MUZ 19
  - 7. AREPA BOYANSE 21
  - 8. AREPA YUMURTA DOLMASI 23
  - 9. DOMATESLİ, BİBERLİ VE SOĞANLI YUMURTA 25
  - 10. PEYNİRLİ KREP 27
  - 11. KOLOMBİYA TOSTU 29
  - 12. HİNDİSTAN CEVİZLİ YUMURTALI MUFFİNLER 31
- **MEZELER VE ATIŞTIRMALIKLAR** 33
  - 13. JAMBONLU VE PATATESLİ KROKET 34
  - 14. EKMEK ÜZERİNE IZGARA PEYNİR 37
  - 15. CHİCHARRONLAR 39
  - 16. YUCA-HİNDİSTAN CEVİZLİ KEK 41
  - 17. KOLOMBİYALI PATACONES 43
  - 18. KOLOMBİYA PEYNİRİ-AREPA TOPLARI 45
  - 19. PEYNİRLİ OLGUN MUZ EMPANADAS 47
  - 20. PİLİÇ KROKET 49
  - 21. KOLOMBİYALI MUZ NACHOS 51
  - 22. MİNİ AREPA PİZZALARI 53
  - 23. PATATES ÇÖREKLERİ 55
  - 24. ABORRAJADOS 57
- **SALATALAR VE YAN YEMEKLER** 59
  - 25. KOLOMBİYA YEŞİL LAHANA SALATASI 60
  - 26. KOLOMBİYA SALATASI 62
  - 27. KOLOMBİYALI PATATES SALATASI 64
  - 28. KOLOMBİYA MARİNE HAVUÇ VE PANCAR SALATASI ... 66
  - 29. MERCİMEK, ROKA, MANGO VE KİNOA SALATASI 68
  - 30. AVOKADO VE DOMATES SALATASI 70
  - 31. DOMATES VE HURMA SALATASI KALPLERİ 72
  - 32. KOLOMBİYALI DOMATES SALATASI 74
  - 33. KİNOA, KARİDES VE CHİMİCHURRİ SALATASI 76
- **ÇORBALAR VE YAHVELER** 78
  - 34. KOLOMBİYA YUMURTASI VE SÜT ÇORBASI 79

35. SOPA DE LENTEJAS CON CARNE 81
36. SOPA DE PATACONES 83
37. SANCOCHO DE GALLİNA 85
38. MONDONGO KOLOMBİYALI 87
39. KÖFTE VE PİRİNÇ ÇORBASI 89
40. KOLOMBİYA-ARPA VE DOMUZ ÇORBASI 92
41. KOLOMBİYA USULÜ MERCİMEK ÇORBASI 94
42. DENİZ ÜRÜNLERİ YAHNİSİ 96
43. ÜÇ ETLİ SANCOCHO 98
44. KOLOMBİYA AHUYAMA ÇORBASI 100
45. KOLOMBİYALI TAVUK MISIR VE PATATES YAHNİSİ 102
46. TAVUK VE HİNDİSTAN CEVİZİ ÇORBASI 105
47. KOLOMBİYALI TAVUK SANCOCHO 107

ANA YEMEKLER 109

48. KOLOMBİYA USULÜ DOMUZ DOLMASI 110
49. KOLOMBİYA DOMUZ MİLANESE 112
50. KOLOMBİYALI KIZARTILMIŞ BÜTÜN BALIK 114
51. KOLOMBİYA DOMATES VE SOĞAN SALSASI 116
52. KOLOMBİYA FASULYESİ 118
53. CARNE EN POLVO 120
54. KOLOMBİYA MERCİMEK 122
55. KOLOMBİYA TURMADA PATATESİ 124
56. KOLOMBİYALI CARNE ASADA 126
57. SİYAH FASULYE VE MISIRLI VEJETARYEN EMPANADAS 128
58. FRİJOLES KOLOMBİYALILAR 131
59. SANCOCHO DE ALBONDİGAS 133
60. CREMA DE AGUACATE 135
61. KOLOMBİYA USULÜ KÖFTE 137
62. KİŞNİŞ-SARIMSAK YAĞI İLE FIRINDA SOMON 140
63. KARİDES SOSLU SOMON 142
64. KOLOMBİYA USULÜ KAVRULMUŞ DOMUZ BACAĞI 144
65. KİREÇ SOSLU BİFTEK 146
66. TAVUKLU SANDVİÇ 148
67. KOLOMBİYA DOMUZ KABURGASI 150
68. PASTIRMA VE COLLARD YEŞİLLERİ 152
69. JAMBONLU VE PEYNİRLİ FIRINDA PİLAV 154
70. TAVUK GÜVEÇ 156

TATLILAR 159

71. KOLOMBİYALI NOEL MUHALLEBİ 160
72. KOLOMBİYALI POUND KEK 163
73. KOLOMBİYALI TEREYAĞLI VE ŞEKERLİ KURABİYELER (POLVOROSAS) ... 165
74. KOLOMBİYALI MERENGÓN 167
75. HİNDİSTAN CEVİZİ ŞEKERİ (COCADAS BLANCAS) 169

76. ELMALI KEK 171
77. AVOKADO MUS 173
78. TORTA DE TRES LECHES 175
79. KOLOMBİYA ROZETLERİ 178
80. GUAVA EZMESİ DOLDURULMUŞ EKMEK 181
81. MISIR UNLU KEK 184
82. KOLOMBİYA USULÜ SÜTLAÇ (POSTRE DE NATAS) 186
83. HİNDİSTAN CEVİZLİ KEK 188
84. KOLOMBİYALI BUNUELOS 190
85. KOLOMBİYALI PANDİSPANYA (BİZCOCHUELO) 192
86. KOLOMBİYALI DULCE DE LECHE BÖREĞİ 194
87. KOLOMBİYALI ÇİKOLATA PARÇASI VE MUZLU KEKLER 196
88. KOLOMBİYALI ÇİLEKLİ BEZE 198
89. MANYOK KEK 200
90. ÇİKOLATA KREMALI TURTA 202
91. VANİLYALI TURTA 204
92. POSTRE DE MİLO 206
93. MUZ CALADOS 208

İÇECEKLER 210

94. KOLOMBİYALI REFAJO 211
95. KOLOMBİYA PEYNİRLİ SICAK ÇİKOLATA 213
96. KOLOMBİYA MERCANI 215
97. KOLOMBİYA ANANASLI SICAK İÇECEK 217
98. KOLOMBİYA HİNDİSTAN CEVİZİ KOKTEYLİ 219
99. KOLOMBİYALI SALPİC ÓN 221
100. PORTAKAL VE AGUARDİENTE KOKTEYLİ 223

ÇÖZÜM 225

GİRİŞ

Kolombiya mutfağının canlı lezzetleri aracılığıyla Güney Amerika'nın zengin ve çeşitli mirasını kutlayan olağanüstü bir mutfak yolculuğu olan "EN İYİ KOLOMBİYA YEMEK KİTABI"a hoş geldiniz. Bu yemek kitabı, Kolombiya'nın gastronomik hazinelerine bir övgüdür ve ülkenin kültürel zenginliğini, mutfak geleneklerini ve yemeğe olan sevgisini yansıtan 100 tariften oluşan cezbedici bir koleksiyon sunar. Kolombiya mutfağı, yerli, İspanyol, Afrika ve Karayip kültürlerinin etkilerinin eridiği bir potadır ve bu güzel ülkenin manzaraları kadar çeşitli tatlar, renkler ve dokulardan oluşan bir doku ortaya çıkar. Bogota'nın hareketli sokaklarından And Dağları'nın yemyeşil vadilerine ve Karayip kıyılarına kadar Kolombiya'nın her bölgesi, yerel malzemeler, gelenekler ve geleneklerle şekillenen kendine özgü mutfak lezzetlerine sahiptir.

Bu yemek kitabında sizi, her tarifin bir hikaye anlattığı ve her yemeğin ülkenin zengin mirasının bir kutlaması olduğu Kolombiya'da bir mutfak macerasına davet ediyoruz. Doyurucu güveçlerden rahatlatıcı arepalara , tropikal meyveli tatlılardan serinletici içeceklere kadar, Kolombiya'nın otantik lezzetleriyle damak tadınızı tatmin etmeye hazırlanın. Ancak "EN İYİ KOLOMBİYA YEMEK KİTABI" bir tarif koleksiyonundan çok daha fazlasıdır; Güney Amerika'nın mutfak harikalarını keşfetme, keşfetme ve takdir etme yolculuğudur. Bu yemek kitabının sayfalarını araştırdıkça, Kolombiya mutfağının tarihi ve kültürel öneminin yanı sıra, kendi mutfağınızda otantik Kolombiya yemeklerini yeniden yaratmaya yönelik ipuçları ve teknikleri öğreneceksiniz. Bu nedenle , ister deneyimli bir şef, ister acemi bir aşçı olun, ister Kolombiya mutfağını ilk kez keşfediyor olun, ister mutfak kökenlerinizle yeniden bağlantı kurmak istiyor olun, "EN İYİ KOLOMBİYA YEMEK KİTABI" rehberiniz olsun. Medellín'in hareketli pazarlarından Amazon yağmur ormanlarının uzak köylerine kadar her tarif sizi Kolombiya'nın kalbine taşısın ve ülkenin zengin mutfak mirasını kutlayan unutulmaz yemekler yaratmanız için size ilham versin.

KAHVALTI

1. Kolombiyalı Chorizo

İÇİNDEKİLER:
- 1 domuz muhafazası, 1 ¼ inç (50 fit)
- 4 yemek kaşığı elma sirkesi
- 7 lbs. yağsız domuz eti, kıyılmış
- 6 diş sarımsak, kıyılmış
- 4 demet yeşil soğan, doğranmış
- 1 demet taze kişniş, doğranmış
- 1 yemek kaşığı kurutulmuş kekik, doğranmış
- 2 yemek kaşığı beyaz sirke
- 3 ½ su bardağı soğuk su
- 7 yemek kaşığı tuz

TALİMATLAR:
Domuz etini sarımsak, yeşil soğan, kişniş, kekik ve sirke ile mutfak robotunda 1 dakika boyunca karıştırın. Bu et karışımını domuz kasasına doldurun ve iki ucunu bağlayın. Büyük bir tencerede soğuk suyu tuzla kaynatın ve chorizo'yu suda 10 dakika pişirin. Dilimleyip servis yapın.

2.Geleneksel Kolombiya Kahvaltısı (Calentado)

İÇİNDEKİLER:
- 4 arepa
- 4 pişmiş Kolombiyalı chorizo
- 4 kızarmış yumurta
- 3 su bardağı hogao (Kolombiya Creole Sosu) veya benzeri domates sosu
- 4 su bardağı pişmiş beyaz pirinç
- 4 su bardağı pişmiş barbunya fasulyesi

TALİMATLAR:
a) Uygun bir tencerede hogao, fasulye ve pirinci birleştirin, pirinci ve fasulyeyi hogao ile kaplamak için iyice karıştırın.

b) Orta ateşte yaklaşık 15 dakika veya karışım ısınana kadar düzenli olarak karıştırarak pişirin.

c) Servis yapmak için fasulye ve pirinç karışımını servis tabaklarına eşit şekilde paylaştırın. Fasulyeleri chorizo ve arepa ile çevreleyin.

ç) Kızarmış yumurtaları fasulye ve pilavın üzerine ekleyip servis yapın.

3.Huevos Pericos

İÇİNDEKİLER:
- 4 yumurta
- 2 orta boy domates, doğranmış
- 2 yemek kaşığı zeytinyağı
- 4 yemek kaşığı kıyılmış soğan
- Tatmak için tuz

TALİMATLAR:
a) Yağı uygun bir yapışmaz tavada orta ateşte ısıtın. Domatesleri ve soğanları ekledikten sonra ara sıra karıştırarak 5 dakika pişirin.
b) Bu arada ayrı bir kapta yumurtaları ve tuzu çırpın.
c) Yumurtaları domates karışımıyla birlikte tavaya dökün ve karışım orta ateşte soğuyana kadar ara sıra çevirerek pişirin.
ç) Yumurtalar istediğiniz kıvama gelinceye kadar yaklaşık 2 dakika pişirin, yumurtaları domates ve soğanla birleştirmek için iki kez karıştırın.
d) Servis tabağına alıp üzerine arepa veya ekmek serpin.

4. Caldo De Costilla

İÇİNDEKİLER:

- 3 lbs. kısa kaburgalardan
- 1 çay kaşığı öğütülmüş kimyon
- 15 bardak su
- ¼ çay kaşığı achiote, öğütülmüş
- 5 diş sarımsak, doğranmış
- 1 bardak soğan, doğranmış
- 6 soğan, doğranmış
- ½ bardak taze kişniş, doğranmış
- 1 lb. patates, soyulmuş ve doğranmış
- 2 büyük havuç, soyulmuş ve dilimlenmiş
- Tatmak için biber ve tuz

TALİMATLAR:

a) Uygun bir tencerede kaburgayı, kimyonu, achiot tuzunu, karabiberi ve suyu birleştirin.

b) Kaynayana kadar pişirin, ardından ateşi kısın ve yaklaşık bir saat pişirin. Bir karıştırıcıda sarımsak, soğan ve yeşil soğanları ¼ bardak suyla birleştirin ve bir dakika karıştırın.

c) Bu karışımla birlikte tencerede 40 dakika daha pişirin. Kişnişin, patateslerin ve havuçların yarısını uygun bir karıştırma kabında birleştirin.

ç) Patatesler yumuşayana kadar 30 dakika daha pişirin ve tuz ve karabiberle tatlandırın. Kıyılmış kişniş ile süsleyerek sıcak servis yapın.

5.Kolombiya Manyok Ekmeği (Pandebono)

İÇİNDEKİLER:
- 2 su bardağı manyok unu
- ¼ su bardağı mısır unu (masa)
- 2 yemek kaşığı şeker
- 1 çay kaşığı kabartma tozu
- 2 bardak (10 oz) queso fresk, kıyılmış
- ½ su bardağı beyaz peynir, ufalanmış
- 1 ½ çay kaşığı tuz
- 1 yumurta
- 2 yemek kaşığı badem ezmesi
- 5 yemek kaşığı süt
- İstenirse guava ezmesi

TALİMATLAR:

a) Fırınınızı 420 derece F'de önceden ısıtın ve bir fırın tepsisini yağlayın. Manyok unu, mısır unu (masa), şeker, kabartma tozu ve peynirleri uygun bir karıştırma kabında birleştirin. Harmanlamak için her şeyi birlikte karıştırın. Karışımı tadın ve tuzla tatlandırın. Tuzun eşit şekilde dağılması için tüm malzemeleri bir karıştırma kabında birleştirin.

b) Yumurta ve tereyağını bir karıştırma kabında birleştirin. Parmak uçlarınızı kullanarak malzemeleri iyice birleştirin. Her seferinde dört yemek kaşığı süt ekleyin ve her eklemeden sonra hamur bir araya gelinceye kadar iyice karıştırın. Hamur küçük bir top haline geldiğinde ufalanırsa daha fazla süt gerekir.

c) Hamur bir araya gelinceye ve top haline geldiğinde ufalanmayana kadar, her seferinde bir kaşık olmak üzere yavaş yavaş süt ekleyin. Hazırlanan hamuru 16 parçaya bölüp her birini top haline getirin ve hazırlanan fırın tepsisine dizin. Altın kahverengi olana kadar yaklaşık 20 dakika pişirin.

ç) pandebono yapmak için şu adımları izleyin: Hamurdan bir top yapın ve ortasına küçük bir çukur oluşturacak şekilde başparmağınızla bastırın.

d) Hamuru küçük bir küp (1 inç) guava ezmesi etrafında bir araya getirin ve dikişi sıkıştırarak kapatın. Hamuru tekrar top haline getirin ve fırın tepsisine yerleştirin.

e) 17-20 dakika veya kahverengi olana kadar pişirin.

f) pandebono halkası yapmak için şu adımları izleyin: Her topu elle altı inçlik bir ip haline getirin. Bir daire oluşturmak için iki kenarı bir araya getirin. İyi bir sızdırmazlık sağlamak için sıkıca bastırın. Fırın tepsisinde altın rengi kahverengi olana kadar 15-17 dakika pişirin. Sert.

6. Kolombiya Püresi Yeşil Muz

İÇİNDEKİLER:

- 4 yeşil plantain, soyulmuş ve dilimlenmiş
- 2 yemek kaşığı tereyağı
- 1 yemek kaşığı yağ
- 1 su bardağı doğranmış soğan
- 2 adet doğranmış soğan
- 2 adet doğranmış domates
- 3 diş sarımsak kıyılmış
- ½ çay kaşığı öğütülmüş achiot
- Tatmak için biber ve tuz
- Avokado, servis etmek için
- Servis için rendelenmiş peynir
- Servis için kızarmış veya çırpılmış yumurta

TALİMATLAR:

a) Yeşil muzlar veya plantainler yumuşayana kadar pişirin. Patatesleri süzüp ezin. Soğanı, domatesi, tereyağını, kırmızı dolmalık biberi, sarımsağı ve acıotu uygun bir tavaya orta ateşte koyun.

b) Püre haline getirilmiş plantainleri ekleyip bir kenara koymadan önce yaklaşık 7 dakika pişirin.

c) Servis etmek için, bir tabağa kızarmış yumurta, rendelenmiş çedar peyniri ve kuşbaşı avokado ekleyin.

7. Arepa Boyanse

İÇİNDEKİLER:

- 2 su bardağı sarı önceden pişirilmiş mısır unu masarepa
- 5 yemek kaşığı çok amaçlı un
- 1 ½ su bardağı sıcak su
- ½ bardak süt
- ¼ çay kaşığı tuz
- 2 yemek kaşığı şeker
- 3 yemek kaşığı yumuşak tereyağı
- 2 bardak queso fresco Kolombiyalı quesito, ufalanmış

TALİMATLAR:

a) Masarepa, un, su, süt, tuz, şeker ve tereyağını uygun bir karıştırma kabında birleştirin. Ellerinizle üç dakika yoğurun, ilerledikçe su ile nemlendirin. Hamuru 12 minik top haline getirin.

b) Her topu iki plastik torba veya parşömen kağıdı arasına yerleştirin ve düz bir kap kapağıyla yaklaşık ⅛ inç kalınlığa kadar düzleştirin.

c) Masa dairelerinin yarısı peynirle doldurulmalı, diğer yarısı da başka bir masa dairesi hamurla doldurulmalıdır. Peynirin dökülmesini önlemek için arepaların kenarlarını parmaklarınızla kapatın. Orta ateşte yapışmaz bir tavada tereyağını eritin.

ç) Hazırlanan arepaları tavaya yerleştirin ve her iki tarafını da üçer dakika veya kabuk oluşana kadar pişirin.

8.Arepa Yumurta Dolması

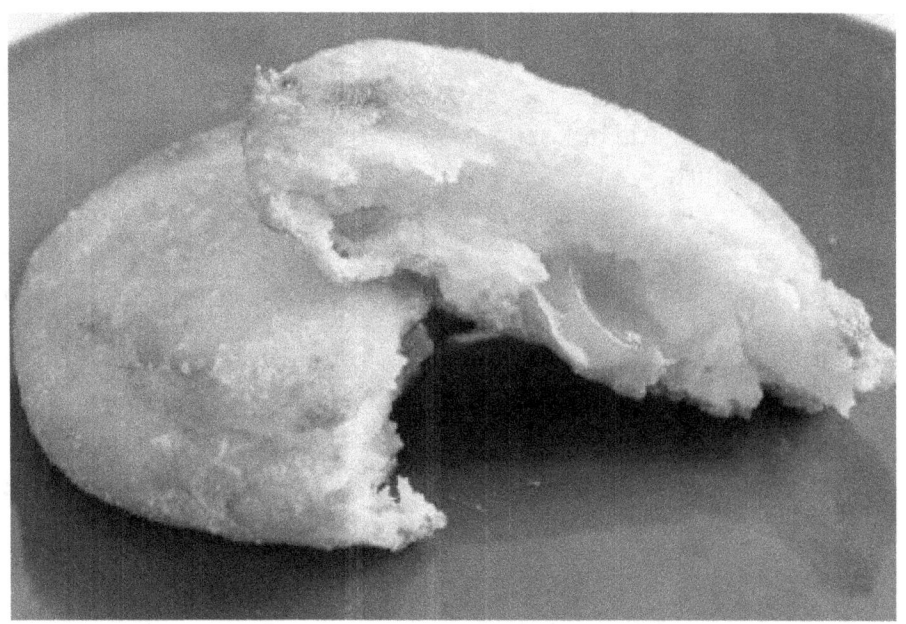

İÇİNDEKİLER:

- 1 bardak sarı masarepa veya önceden pişirilmiş mısır unu
- ½ çay kaşığı tuz
- ½ çay kaşığı şeker
- 1 bardak ılık su
- Kızartmak için bitkisel yağ
- 4 yumurta

TALİMATLAR:

a) Uygun bir fritöze yağ ekleyin ve 350 derece F'ye ısıtın. Bir kasede masarepayı tuz, şeker ve suyla karıştırın.
b) Hazırlanan hamuru 4 parçaya bölüp her birini yarım santim kalınlığında yuvarlayın.
c) kızartın. Yumurtaları bir kasede çırpın. Her arepayı uygun bir ramekine yerleştirin ve her arepa cebine bir yumurta dökün.
ç) Mikrodalgada üç dakika pişirip servis yapın.

9.Domatesli, Biberli ve Soğanlı Yumurta

İÇİNDEKİLER:
- 8 büyük yumurta
- 1 tutam tuz
- 1 yemek kaşığı zeytinyağı
- 4 soğan, dilimlenmiş
- 2 orta boy biber, çekirdekleri çıkarılmış ve doğranmış
- 2 orta boy domates, çekirdekleri çıkarılmış ve doğranmış
- 2 diş sarımsak

TALİMATLAR:
a) Yumurtaları bir tutam tuzla iyice çırpın. Yumurtalarda daha fazla hava olması daha yumuşak ve daha hafif bir nihai ürün elde edilmesini sağlayacağından bunları iyice çırpmak isteyeceksiniz. Uygun bir tavada yağı orta ateşte (yapışmaz veya iyi terbiye edilmiş dökme demir kuyusu) ısıtın.

b) Soğanları ve biberleri birkaç dakika soteleyin.

c) Domatesleri ve sarımsakları ekleyin ve domateslerin ezilmemesi için yavaşça karıştırarak iki dakika daha sotelemeye devam edin. Isısını uygun veya düşük bir ayara düşürün. Bir tutam tuz kullanarak sebzeleri tavada baharatlayın.

ç) Yumurtaları sebzelerin üzerine bırakın ve yavaşça çırpın. Yumurtalar sertleştikten sonra (yaklaşık iki dakika) her şeyi tavadan çıkarın ve hemen siyah fasulye, peynir, arepa ve sıcak çikolata ile servis yapın!

10.Peynirli Krep

İÇİNDEKİLER:
- ⅓ su bardağı un
- 1 tutam tuz
- 3 yemek kaşığı su
- Yaymak için tereyağı
- ½ bardak mozzarella peyniri, rendelenmiş

TALİMATLAR:

a) Unu bir kapta tuz ve suyla pürüzsüz hale gelinceye kadar karıştırın. Orta ateşte tereyağı ile yağlanmış bir tava koyun.

b) Üzerine unlu karışımı dökün, her tarafına yayın ve her tarafını bir-iki dakika pişirin.

c) Krepi uygun bir tabağa aktarın ve üzerine tereyağı ve peynir ekleyin. Bu krepi katlayıp servis yapın.

11.Kolombiya Tostu

İÇİNDEKİLER:
- ¼ bardak şeker
- 1 yemek kaşığı tarçın
- 3 bardak süt
- 4 yumurta
- 1 somun Fransız ekmeği, dilimlenmiş
- Kızartmalık yağ

TALİMATLAR:
a) Tarçın ve şekeri bir tabakta karıştırın. Yumurtaları bir kasede çırpın, diğerine sütü ekleyin.
b) Sıvı yağ ile yağlanmış bir tava koyun. Ekmeği süte batırın, yumurtaya bulayın ve her tarafını 2-3 dakika pişirin.
c) Fransız tostunu kağıt havluyla kaplı bir tabağa aktarın. Üzerine tarçın şekeri serpin. Sert.

12. Hindistan Cevizli Yumurtalı Muffinler

İÇİNDEKİLER:

- 1 çay kaşığı tereyağı
- 1 çay kaşığı beyaz şeker
- 1 (14 oz.) yoğunlaştırılmış sütü tatlandırabilir
- ½ bardak şekersiz kıyılmış hindistan cevizi
- 2 yumurta
- 1 tutam Parmesan peyniri, rendelenmiş

TALİMATLAR:

a) 350 derece F'de fırınınızı önceden ısıtın. Uygun bir mini muffin tepsisini tereyağıyla yağlayın ve şekerle kaplayın; yumurtaları bir kasede peynir, hindistan cevizi ve sütle çırpın.
b) Bu karışımı muffin kaplarına paylaştırın.
c) Bu tepsiyi bir kızartma tavasına yerleştirin ve bu tavanın bir inçine kadar su ekleyin. 10 dakika pişirin ve ardından muhallebi kaplarının soğumasını bekleyin. Sert.

MEZELER VE ATIŞTIRMALIKLAR

13.Jambonlu ve Patatesli Kroket

İÇİNDEKİLER:
- 2 çay kaşığı tuz
- 2 lbs. sarı patates
- 2 yemek kaşığı krema
- 2 yemek kaşığı tereyağı
- Tatmak için taze çekilmiş karabiber
- 2 yemek kaşığı rendelenmiş parmesan peyniri
- 2 büyük yumurta sarısı
- ½ su bardağı rendelenmiş kaşar peyniri
- ¾ bardak pişmiş jambon, doğranmış
- 2 büyük yumurta
- 2 yemek kaşığı su veya süt
- 1 su bardağı panko galeta unu
- 1 fincan çok amaçlı un
- 2 çay kaşığı maydanoz, kıyılmış

TALİMATLAR:
a) Uygun bir tencereyi yarısına kadar soğuk suyla doldurup patatesleri ve iki çay kaşığı tuzu ekleyin.

b) Suyu kaynatın, ardından kapağını kapatın ve patatesler çatalla delindiğinde yumuşayana kadar yaklaşık 20 dakika pişirin. Ocaktan aldıktan sonra bir kevgir içinde süzün. Patatesleri soyun ve işlenecek kadar soğuduktan sonra uygun bir karıştırma kabına koyun.

c) Pişen patatesleri krema ve tereyağıyla karıştırarak püre haline getirin. Topakları ortadan kaldırmak için patates eziciden geçirin veya kürek aparatı takılı bir el mikseri ile pürüzsüz hale gelinceye kadar çırpın. Tatmak için tuz ve karabiber ekleyin.

ç) Parmesan, yumurta sarısı ve rendelenmiş peyniri bir karıştırma kabında birleştirin. Patates karışımını tamamen soğuyuncaya kadar buzdolabında saklayın. Avucunuzun içine yaklaşık ¼ bardak patates karışımını koyun. İçine birkaç dilim doğranmış pişmiş jambon koyun ve yavaşça düzleştirin. Patatesleri iyice kaplayacak şekilde jambonun üzerine katlayın, ardından dikdörtgen bir kroket haline getirin.

d) Patates karışımının geri kalanıyla tekrarlayın. İki yumurtayı, bir veya iki yemek kaşığı suyu veya sütü sığ bir kapta çatalla çırpın. Küçük bir kapta galeta unu, un ve maydanozu birleştirin; karabiber ve tuzla tatlandırın.

e) Kroketleri yumurta karışımına batırdıktan sonra un/galeta unu karışımına bulayın ve fazlalıkların düşmesine izin verin. Kalan kroketlerle devam edin.

f) Üç inçlik yağı uygun bir derin tavada 350 derece F'ye ısıtın. Kroketleri her tarafı altın rengi kahverengi olana kadar kızartın.

g) Delikli bir kaşıkla kroketleri yağdan çıkarın ve kağıt havluların üzerine boşaltın. Sert.

14.Ekmek Üzerine Izgara Peynir

İÇİNDEKİLER:
CHİMİCHURRİ
- ½ su bardağı kıyılmış maydanoz
- 1 yemek kaşığı doğranmış taze kekik
- 2 veya 3 diş sarımsak, kıyılmış
- ½ su bardağı zeytinyağı
- Tatmak için karabiber ve tuz
- Büyük tutam ezilmiş kırmızı biber
- 1 yemek kaşığı kırmızı şarap sirkesi
- 2 yemek kaşığı soğuk su

PEYNİR
- 8 oz. provolon peyniri, en az 1 inç kalınlığında dilimlenmiş
- 1 yemek kaşığı doğranmış taze kekik veya 1 çay kaşığı kurutulmuş
- ½ çay kaşığı ezilmiş kırmızı biber
- İstenirse ½ inçlik yuvarlaklar halinde dilimlenmiş, kızartılmış 1 baget

TALİMATLAR:
a) Maydanoz, kekik, sarımsak, zeytinyağı, karabiber ve tuzu, ezilmiş kırmızı biberi, sirkeyi ve suyu küçük bir kasede birleştirin. Lezzetlerin birbirine karışması için birkaç dakika bekletin. Sos bir saat kadar önceden hazırlanabilir. Küçük bir dökme demir tavayı orta-yüksek dereceye kadar önceden ısıtın.

b) Peyniri ısıtılmış tavaya koyun. Kekiklerin yarısını ve bir tutam ezilmiş kırmızı biberi ekleyin. 2 dakika veya tavanın tabanı kahverengileşene kadar pişirin.

c) , ikinci tarafı kızarana ve peynir sızmaya başlayana kadar yaklaşık 3 dakika daha pişirin. Peyniri bir tabağa koyun ve üzerine kalan malzemeleri ekleyin.

ç) Kalan kekik ve ezilmiş kırmızı biberi bir tabaktaki peynirin üzerine serpin. Hemen yanında ekmek ve chimichurri ile servis yapın.

15. Chicharronlar

İÇİNDEKİLER:
- 1 lb. domuz yağı, derisi açık
- Su kapsayacak şekilde
- Tatmak için biber ve tuz
- 2 çay kaşığı karbonat

TALİMATLAR:
a) Göbeği hazırlamak için kabartma tozunu bir çay kaşığı tuzla karıştırın ve karışımın eşit şekilde dağıldığından emin olarak cildin her yerine uygulayın. Domuz karnını buzdolabında üstü açık bir rafa en az bir saat, ancak tercihen gece boyunca ve bir güne kadar yerleştirin.

b) Ertesi gün karnınızı soğuk suyla durulayın ve kurulayın. Yaklaşık ⅓-inç kalınlığında bir inçlik parçalar halinde kesin. Tüm göbek parçalarını eti kaplayacak kadar suyla birlikte bir wok'a yerleştirin. Isısını düşük bir ayara düşürün.

c) Domuzunuzun nem seviyesine bağlı olarak, iki ila dört saat boyunca göbeğinizdeki yağı yavaşça işleyin. Et parçalarını her yarım saatte bir çevirin. Isısını minimuma indirin. Su ilk başta domuz etine benzeyecek, ancak zaman geçtikçe su buharlaşacak ve tavada sadece yağ kalacak.

ç) Isıyı yüksek seviyeye getirin ve tavada sadece sıvı yağ kalana kadar domuz yağı içinde kızartılan göbek parçalarını dikkatlice gözlemleyin. Bu son derin kızartma aşaması üç ila beş dakika sürmelidir.

d) chicharrones'ları kağıt havluyla kaplı bir tabağa aktarın. Tuz ve dilediğiniz baharatlarla karıştırın. Chicharrones uzun süre çıtır kalacaktır.

16.Yuca-Hindistan Cevizli Kek

İÇİNDEKİLER:
- 2 lbs. taze yuca, soyulmuş ve rendelenmiş
- 115 gram. queso fresk peyniri, rendelenmiş
- 1 su bardağı rendelenmiş taze hindistan cevizi
- ¾ bardak şeker
- ¾ bardak hafif hindistan cevizi sütü
- 1 yemek kaşığı tereyağı, eritilmiş
- 2 çay kaşığı anason, ezilmiş
- 1 çay kaşığı vanilya özü
- Bir tutam tuz
- Pişirme spreyi

TALİMATLAR:
a) 350 derece F'de fırınınızı önceden ısıtın ve 10 inçlik dökme demir tavayı 10 dakika ısıtın.
b) Uygun bir karıştırma kabında ilk dokuz malzemeyi karıştırın. Hazırlanmış bir tavaya pişirme spreyi sıkın ve yuca karışımını içine dökün ve eşit şekilde düzeltin.
c) Kek sıkıldığında hafif süngerimsi ve üst kısmı gevrek oluncaya kadar neredeyse iki saat pişirin. Pastayı gevşetmek için tavanın kenarına bir bıçak gezdirin.
ç) Her takozu sekiz parçaya bölün. Servis yapmadan önce yemeği ısıtın. Pastayı dört güne kadar sıkıca kapatılmış şekilde buzdolabında saklayın.

17. Kolombiyalı Patacones

İÇİNDEKİLER:
- 3 adet yeşil plantain
- 1 su bardağı sıvı yağ
- ½ çay kaşığı tuz

TALİMATLAR:
a) Yeşil plantainler soyulmalı ve yaklaşık 2 parmak kalınlığında kalın dilimler halinde kesilmelidir. Tavanızda veya tavanızda yağı ısıtın.
b) Kesilmiş muzları sıcak yağa ekleyin ve yaklaşık 10 dakika veya her tarafı kahverengi olana kadar pişirin.
c) Kızartılmış muzdaki fazla yağın boşaltılmasına yardımcı olmak için bir kağıda biraz el kağıdı ekleyin. Plantainleri pişirmeyi bitirdikten sonra çizgili bir tabağa yerleştirin.
ç) Daha sonra plantainleri patates eziciyle düzleştirin ve tuzla tatlandırın.
d) Kolombiya'da kızarmış muzları düzleştirmek için kullanılan benzersiz bir alet olan pataconera'yı kullanın. Pataconera'nız veya patates eziciniz yoksa bir çatal veya sığ bir kasenin dibini kullanın. Eğlence.

18.Kolombiya Peyniri-Arepa Topları

İÇİNDEKİLER:

- Kızartmak için bitkisel yağ
- 2 su bardağı önceden pişirilmiş mısır unu
- 2 bardak ılık su
- 1 su bardağı rendelenmiş mozarella peyniri
- ¼ su bardağı rendelenmiş parmesan peyniri
- Tutam tuzu

TALİMATLAR:

a) Tamamen birleşene kadar mısır unu, ılık su, peynir ve tuzu karıştırın.

b) Yedi dakikalık bir dinlenme süresi tanıyın. Ellerinizi üç dakika boyunca ılık suyla nemlendirerek yoğurun. Hamurdan 24 adet minik top yapın.

c) Uygun bir yapışmaz tavada, yağı orta ateşte ısıtın ve arepaları iki veya üç parti halinde, bir kez çevirerek, her tarafı yaklaşık üçer dakika, altın rengi kahverengi olana kadar pişirin. Kağıt havlu kullanarak fazla sıvıyı emdirin.

19.Peynirli Olgun Muz Empanadas

İÇİNDEKİLER:

- 4 adet çok olgun plantain
- 1 yumurta
- 2 yemek kaşığı tereyağı
- 3 yemek kaşığı çok amaçlı un
- ½ çay kaşığı vanilya özü
- 1 yemek kaşığı şeker
- 1 su bardağı rendelenmiş mozzarella peyniri
- Yemek pişirmek için yağ spreyi

TALİMATLAR:

a) Plantainler yıkanmalı ve ikiye bölünmelidir . Plantainler yumuşayıncaya ve pişene kadar, orta-yüksek ateşte, derileri üzerinde, suyla birlikte uygun bir tencerede yaklaşık 10 dakika pişirin. Yumuşak bir kombinasyon oluşturmak için, pişmiş muzları bir çatal veya patates ezici kullanarak soyun ve ezin. 5 dakikalık dinlenme süresi tanıyın.

b) Yumurta, tereyağı, un, vanilya özü ve şekeri iyice birleşene kadar karıştırın. Hazırlanan hamura top şekli verilerek oda sıcaklığında 20 dakika dinlenmeye bırakılır. Muz hamurundan 12 top oluşturun ve her birini avucunuzun içinde düzleştirerek bir disk oluşturun.

c) Peyniri ortasına yerleştirin, ikiye katlayın ve kenarlarını parmaklarınızla veya çatalla bastırarak kenarları kapatmaya yardımcı olun, böylece peynir erimez . Bir fırın tepsisine yağ püskürtün veya yağlı kağıtla sarın. 400 derece F'de fırınınızı önceden ısıtın.

ç) Hazırlanan empanadaları fırın tepsisine yerleştirin ve yaklaşık 15 dakika pişirin, ardından çevirin ve 15 dakika daha veya kahverengi olana kadar pişirin. Servis yapmadan önce ısıtın.

20.Piliç Kroket

İÇİNDEKİLER:
- 1 buçuk kilo kemiksiz tavuk göğsü
- 5 su bardağı tavuk suyu
- 1 havuç, yarıya bölünmüş
- 2 orta boy soğan
- 2 adet defne yaprağı
- 8 oz. krem peynir, yumuşatılmış
- 1 limon, suyu sıkılmış
- 2 diş sarımsak
- 2 yemek kaşığı tereyağı
- Tatmak için tuz
- Zevkinize biber
- 3 ½ su bardağı çok amaçlı un
- 2 büyük yumurta
- 3 su bardağı ince ekmek kırıntısı
- Kızartmak için bitkisel yağ

TALİMATLAR:
a) Tavuğu, et suyunu, havucu, soğanı ve defne yapraklarını bir tavaya ekleyin ve 20 dakika pişirin. Tavuk ve et suyunu süzün ve ayrı ayrı saklayın. Tavukları parçalayıp bir kapta krem peynirle karıştırın.

b) Soğanı ve sarımsağı iki yemek kaşığı tereyağı ile tavada beş dakika soteleyin. Üç buçuk bardak et suyu ekleyin ve kaynatın.

c) Daha sonra üç buçuk su bardağı un ekleyin ve pürüzsüz bir hamur elde edene kadar üç dakika iyice karıştırın.

ç) Hazırlanan hamuru soğumaya bırakın. Yarım yemek kaşığı un hamurunu elinize alın, top haline getirin ve avucunuzun üzerine bastırın.

d) Ortasına iki çay kaşığı tavuk dolgusu ekleyin ve hazırlanan hamuru tekrar top haline getirin. Kalan hamur ve dolgu ile aynı adımları tekrarlayın.

e) Yumurtaları bir kapta çırpın ve bir tabakta galeta ununu karabiber ve tuzla karıştırın. Orta ateşte yağla dolu derin bir tava ayarlayın ve 350 derece F'ye ısınmasını bekleyin.

f) Her bir hamur topunu yumurtaya batırın, ardından galeta unu ile kaplayın ve altın rengi kahverengi olana kadar beş dakika derin yağda kızartın. Sert.

21.Kolombiyalı Muz Nachos

İÇİNDEKİLER:

- 3 adet yeşil plantain
- Kızartmak için bitkisel yağ
- 1 su bardağı kaşar peyniri, rendelenmiş
- 1 bardak Monterey jack peyniri, kıyılmış
- ¼ bardak taze soğan, doğranmış
- ¼ bardak doğranmış domates
- ¼ bardak dilimlenmiş kalamata zeytini
- ¼ taze kişniş, doğranmış
- Guacamole, servis için

TALİMATLAR:

a) Muzları soyun ve keskin bir bıçak kullanarak ince ince dilimleyin ; ne kadar ince olursa o kadar iyi. Muz cipslerini tamamen kaplayacak şekilde uygun bir tavaya yeterli miktarda bitkisel yağ dökün .

b) Hazırlanan muzları kızgın yağda ara sıra çevirerek her iki tarafı da altın rengi olana kadar kızartın. Fazla yağı emmek için kağıt havlu üzerine boşaltın.

c) Karabiber ve tuzla tatlandırdıktan sonra bir tabağa aktarın. Nacho yapmak için, bunları aşağıdaki şekilde birleştirerek başlayın: Fırında güvenli bir tepsinin altına, tek bir kat muz cipsi yayın. Üzerine çedar ve Monterey jack peynirleri karışımını ekleyin.

ç) Peynirin üzerine doğranmış taze soğanı serpin. Daha fazla katman oluşturmak için kalan muz cipsi, peynir ve soğanla aynı işlemi tekrarlayın. Fırını önceden 350 Fahrenheit dereceye ısıtın.

d) Yaklaşık 10 dakika veya peynir tamamen eriyene kadar pişirin. Tavayı fırından çıkarın ve üzerine doğranmış domates, zeytin ve kişnişi ekleyin. Yanında Guacamole servis ediliyor . Eğlence!

22.Mini Arepa Pizzaları

İÇİNDEKİLER:
- 1 bardak ılık su
- 1 su bardağı önceden pişirilmiş beyaz mısır unu
- 1 su bardağı rendelenmiş mozarella peyniri
- 1 yemek kaşığı tereyağı
- ½ çay kaşığı tuz veya damak tadınıza göre
- Pişirme spreyi
- Topingler
- ½ bardak pizza sosu
- 1 soğan, jülyen doğranmış
- 2 tatlı yeşil biber, jülyen doğranmış
- 1 su bardağı kavrulmuş tavuk, doğranmış
- 1 bardak Mozzarella, doğranmış
- 4 yemek kaşığı taze kişniş, kıyılmış

TALİMATLAR:
a) Uygun bir karıştırma kabında su, mısır unu, mozzarella peyniri, tereyağı ve tuzu birleştirin. Hazırlanan hamur iyice birleşip yumuşak bir kıvama gelinceye kadar yoğurun. Orta turuncu büyüklükte toplar oluşturun ve bunları iki plastik tabaka arasına sıkıştırın.

b) Merdane ile uygun kalınlıkta açın. Hamuru, bir mısır gevreği kabı veya içecek bardağı ağzı aşağıya gelecek şekilde kullanarak plastik ambalajın içinden daireler halinde kesin. Hazırlanan hamurdan plastik ambalajı çıkarın ve atın. Izgarayı pişirme spreyi sıkarak orta-yüksek sıcaklığa ısıtın.

c) Arepaları her tarafı yaklaşık beş dakika veya altın rengi kahverengi olana kadar ızgarada pişirin . Topakları arepaların üzerine paylaştırın ve beş dakika kızartın. Hemen servis yapın.

23.Patates Çörekleri

İÇİNDEKİLER:
- 1,4 oz. tuzsuz tereyağı
- 12 oz. patates, soyulmuş ve doğranmış
- 12 ½ oz. çok amaçlı un
- 2 çay kaşığı kabartma tozu
- 1 çay kaşığı tuz
- ½ çay kaşığı karbonat
- ½ çay kaşığı öğütülmüş hindistan cevizi
- 4,6 oz. şeker
- 2 büyük yumurta
- 2 oz. tam yağlı süt
- 2 oz. kültürlü az yağlı ayran, iyi çalkalanmış
- 1 ½ çay kaşığı vanilya özü
- Üzerine serpmek için pudra şekeri veya tarçın şekeri
- 2 litre rafine hindistan cevizi yağı

TALİMATLAR:
a) Patatesleri, üzerini kaplayacak kadar 1 litre soğuk suyla 3 litrelik bir tencereye koyun. Yüksek ateşte kaynayana kadar pişirin, ardından sosu kısık ateşte tutmak için kısık ateşte pişirin. Patatesler yumuşayana kadar yaklaşık 10 dakika pişirin.
b) Patatesleri bir süzgeçte süzün, ardından fazla nişastayı gidermek için 30 saniye boyunca sıcak su altında durulayın. Süzülmüş patatesleri artık boş olan tencereye geri koyun.
c) Patateslerin yüzey nemi buharlaşana kadar tencereyi sürekli sallayarak yaklaşık bir dakika pişirin.
ç) Patatesleri bir öğütücüden veya öğütücüden geçirin ve hafifçe soğuması için kenarlı bir fırın tepsisine eşit şekilde dağıtın. Geri kalan hamur malzemelerini de ekleyip iyice karıştırdıktan sonra yoğurun. Bu hamuru yoğurup yarım santim kalınlığında açın.
d) Hamurdan üç inçlik yuvarlaklar kesin ve çöreklerin ortasında bir delik açın. Hazırlanan çörekleri yağlanmış bir fırın tepsisine yerleştirin ve üzerini gevşek bir şekilde plastik bir örtü ile örtün.
e) Bu çörekleri bir saat kadar kabarmaya bırakın.
f) Derin bir kızartma tavasına yağ ekleyin ve 350 derece F'ye ısıtın. Donutları altın rengi kahverengi olana kadar kızartın. Kızaran patatesli çörekleri kağıt havlu serilmiş bir tabağa aktarın. Sert.

24. Aborrajados

İÇİNDEKİLER:
- 2 adet olgun muz, siyah ve sarı
- ½ su bardağı rendelenmiş peynir
- 2 büyük yumurta
- 4 yemek kaşığı çok amaçlı un
- 2 yemek kaşığı şeker
- ½ çay kaşığı karbonat
- ½ çay kaşığı tuz
- 1 ila 2 yemek kaşığı süt
- Kızartmak için 6 su bardağı sıvı yağ

TALİMATLAR:
a) Yağı 360 derece Fahrenheit'e kadar önceden ısıtın. Muzların uçlarını çıkarın ve çıkarılmasına yardımcı olmak için deriyi birkaç kez uzunlamasına dilimleyin. Plantainler çapraz olarak bir buçuk inç kalınlığında parçalar halinde dilimlenmelidir.

b) Altın kahverengi olana kadar yağda neredeyse dört dakika pişirin.

c) Kağıt havluların üzerinde muz parçalarını boşaltın. İşlenecek kadar soğuk olduğunda her bir muz dilimini iki mumlu kağıt parçası arasına yerleştirin ve bunları bir bardağın düz tabanıyla yaklaşık ¼ inç kalınlığa kadar düzleştirin. Bir ya da iki çorba kaşığı rendelenmiş peyniri iki dilim muz arasına sıkıştırın ve peyniri iyice kapatmak için kenarlarından birbirine bastırın.

ç) Muz dilimlerinin geri kalanıyla aynı işlemi tekrarlayın. Unu, şekeri, kabartma tozunu ve tuzu bir karıştırma kabında birleştirin. Uygun bir karıştırma kabında, yumurtaları ve yeterli sütü, kalın bir hamur elde edinceye kadar karıştırın. Her şey tamamen birleşene kadar karıştırın. Muz "sandviçlerini" hamurla kaplayın, ardından altın kahverengi olana kadar kızartmak için gruplar halinde yağa geri koyun.

d) Kağıt havlu kullanarak fazla sıvıyı alın ve sıcak olarak servis yapın.

SALATALAR VE YAN YEMEKLER

25.Kolombiya Yeşil Lahana Salatası

İÇİNDEKİLER:

- 4 yemek kaşığı beyaz sirke
- 2-3 limon suyu
- 1 çay kaşığı beyaz toz şeker
- Bir tutam kimyon
- Tatmak için tuz ve karabiber
- ½ baş yeşil lahana, kıyılmış
- 2-3 orta boy domates, dilimlenmiş
- ½ orta boy havuç, doğranmış
- ¼ bardak kişniş, doğranmış

TALİMATLAR:

a) Sosu hazırlamak için ilk beş malzemeyi küçük bir tabakta çırpın. İki limonun suyuyla başlayın ve daha fazla limon aroması istiyorsanız üçüncü limonun suyunu ekleyin.

b) Lahanayı, domatesi, havucu ve kişnişi uygun bir karıştırma kabına atın.

c) Tüm malzemelerin düzgün bir şekilde kaplandığından emin olmak için sosu bir kez daha karıştırın.

ç) Salatayı servis yapmadan önce plastik ambalajla kaplı olarak 30-60 dakika buzdolabında saklayın.

26.Kolombiya Salatası

İÇİNDEKİLER:

- 8 oz. bebek ıspanak ve lahana
- 1 bardak salsa
- 1 kırmızı soğan, dilimlenmiş
- 1 paket tatlı domates, durulanmış
- 1 su bardağı beyaz peynir

TALİMATLAR:

a) Bir salata kasesinde ıspanak ve lahananın yarısını birleştirin.
b) Salsayı salatanın üzerine gezdirin ama karıştırmayın.
c) Salatanın üzerine kırmızı soğan dilimleri, dilimlenmiş domates ve beyaz peynir eklenmelidir. Kalan yeşillikleri sosun içine atın. Tuz ve karabiberle tatlandırın.

27.Kolombiyalı Patates Salatası

İÇİNDEKİLER:

- 2 lbs. kırmızı patates, pişmiş, soyulmuş ve doğranmış
- 3 büyük havuç, soyulmuş, doğranmış
- ½ su bardağı doğranmış kırmızı soğan
- ½ bardak kıyılmış kişniş
- 3 büyük domates, doğranmış

PANSUMAN

- ⅓ bardak şarap sirkesi
- 1 yemek kaşığı yağ
- 1 çay kaşığı baharat tuzu
- 1 çay kaşığı şeker
- ¼ çay kaşığı karabiber

TALİMATLAR:

a) Uygun bir karıştırma kabında küp patatesleri, havuç parçalarını, doğranmış soğanları ve kişnişleri birleştirin.
b) Sos malzemelerini küçük bir kasede iyice çırpın ve salata malzemelerinin üzerine dökün.
c) Domates parçalarını salatanın geri kalanıyla birlikte yavaşça atın.
ç) Aromaların buzdolabında erimesine izin verin.

28.Kolombiya Marine Havuç ve Pancar Salatası

İÇİNDEKİLER:

- 4 orta boy pancar
- Tatmak için tuz
- 4 orta boy havuç, soyulmuş ve dilimlenmiş
- 1 su bardağı mısır taneleri
- ½ fincan palmiye kalbi, konserve, dilimlenmiş
- ½ küçük beyaz soğan, şeritler halinde dilimlenmiş
- 3 yemek kaşığı kıyılmış taze maydanoz
- 2 yemek kaşığı zeytinyağı
- 3 yemek kaşığı damıtılmış beyaz sirke
- 1 limon, suyu sıkılmış
- ¼ çay kaşığı öğütülmüş kimyon
- ¼ çay kaşığı karabiber

TALİMATLAR:

a) Uygun bir tencereye pancarları koyun, üzerini suyla örtün ve istenirse tuzlayın.

b) Kapağını kapatın ve yüksek ateşte kaynatın, ardından ısıyı azaltın ve yaklaşık 15-30 dakika veya sebzeler pişene kadar pişirin.

c) Süzün ve soğuması için bir kenara koyun. Bu arada ikinci bir orta boy tencerede havuçları suyla kaplayın. Kapağını kapatıp yüksek ateşte kaynayana kadar pişirin, ardından kısık ateşte yaklaşık 15 dakika pişmeye devam edin. Süzün ve soğuması için bir kenara koyun.

ç) Pancarları soyup dilimleyin ve ardından diğer malzemelerle karıştırın.

29.Mercimek, Roka, Mango ve Kinoa Salatası

İÇİNDEKİLER:
- 1 su bardağı pişmiş kinoa
- 1 su bardağı pişmiş mercimek
- 6 su bardağı roka yaprağı
- 1 büyük mango soyulmuş ve doğranmış
- 1 avokado soyulmuş ve doğranmış
- ½ kırmızı soğan dilimlenmiş
- ½ İngiliz salatalık doğranmış
- Tatmak için tuz ve karabiber

PANSUMAN
- 1 çay kaşığı beyaz sirke
- 1 yemek kaşığı limon suyu
- 3 yemek kaşığı limon suyu
- 4 yemek kaşığı zeytinyağı
- ¼ çay kaşığı öğütülmüş kimyon
- ¼ bardak kıyılmış kişniş
- Damak tadınıza göre tuz ve karabiber

TALİMATLAR:
a) Kinoayı soğuduktan sonra kalan malzemelerle karıştırın. Gerekirse ekstra tuzla tadın ve baharatlayın.
b) Sos malzemelerinin tamamını küçük bir kasede birleştirin ve salatayla birlikte karıştırın.
c) Çatalla karıştırın ve oda sıcaklığında veya soğutulmuş olarak servis yapın.

30.Avokado ve Domates Salatası

İÇİNDEKİLER:
SALATA
- 2 büyük olgun domates, ¼ inçlik dilimlenmiş
- ½ küçük kırmızı soğan, dilimlenmiş
- 1 İngiliz salatalık, dilimlenmiş
- 2 küçük avokado, doğranmış

PANSUMAN
- 2 limon
- 3 yemek kaşığı beyaz sirke
- 1 yemek kaşığı zeytinyağı
- Tatmak için tuz ve karabiber
- 2 yemek kaşığı taze doğranmış kişniş

TALİMATLAR:
a) Zeytinyağı, sirke, karabiber, tuz, limon suyu ve kişnişi küçük bir kasede çırpın ve bir kenara koyun.

b) Domates dilimlerinin yarısını uygun bir tabağa yerleştirin, üzerine soğanların yarısını, salatalık dilimlerinin yarısını ve avokado dilimlerinin yarısını koyun ve üstüne ikinci bir katman oluşturacak şekilde aynı işlemi tekrarlayın. Bir tutam pansumanla servis yapın.

31.Domates ve Hurma Salatası Kalpleri

İÇİNDEKİLER:
- 2 (14 oz.) kutu palmiye kalbi, suyu süzülmüş ve dilimlenmiş
- 1 orta boy domates, doğranmış
- ½ küçük soğan, dilimlenmiş
- 2 taze soğan, doğranmış
- 3 yemek kaşığı zeytinyağı
- 2 çay kaşığı taze limon suyu
- ¼ çay kaşığı tuz
- 1 tutam karabiber

TALİMATLAR:
a) Palmiye kalplerini bir salata kasesinde diğer malzemelerle karıştırın. Sert.

32.Kolombiyalı Domates Salatası

İÇİNDEKİLER:
- 5 domates, doğranmış
- ½ İngiliz salatalığı, dörde bölünmüş ve dilimlenmiş
- 1 kırmızı dolmalık biber, çekirdeği çıkarılmış ve doğranmış
- ½ bardak soğan, doğranmış
- ½ bardak taze maydanoz, doğranmış
- ¼ bardak limon suyu
- ¼ bardak zeytinyağı
- ¼ bardak yeşil soğan, doğranmış
- ¼ bardak taze kişniş, doğranmış
- 2 yemek kaşığı elma sirkesi
- Tatmak için tuz ve karabiber

TALİMATLAR:
a) Domatesleri diğer malzemelerle birlikte bir salata kasesine alın.
b) Sert.

33.Kinoa, Karides ve Chimichurri Salatası

İÇİNDEKİLER:

- 1 yemek kaşığı zeytinyağı
- 2 bardak kinoa
- 4 bardak su
- Tatmak için tuz
- 2 su bardağı üzüm domates, dörde bölünmüş
- 1 lb. pişmiş karides
- Tatmak için tuz ve karabiber
- ½ bardak chimichurri sosu

TALİMATLAR:

a) Kinoayı ince bir süzgeçte yıkayın. Uygun bir tencerede su, tuz ve kinoayı kaynatın. Isıyı en aza indirin ve yaklaşık 20 dakika veya suyun tamamı emilene kadar pişirmeye devam edin.

b) Salata tarifi malzemelerinin tümünü uygun bir kapta birleştirin ve bir kenara koyun. Pişen kinoayı kalan malzemelerle karıştırıp servis yapın.

ÇORBALAR VE YAHVELER

34.Kolombiya Yumurtası ve Süt Çorbası

İÇİNDEKİLER:

- 4 bardak süt
- 2 bardak su
- 4 yumurta
- ½ bardak doğranmış taze kişniş
- 3 adet doğranmış soğan
- Tatmak için biber ve tuz
- Servis için tereyağlı ekmek

TALİMATLAR:

a) Uygun bir tencerede süt ve suyu kaynatın.
b) Soğan, tuz ve karabiber ile üç dakika pişirin.
c) Isıyı orta dereceye düşürün ve yumurtaları dikkatlice tavaya kırın.
ç) Kişnişi eklemeden önce yumurtaların pişmesi için üç dakika bekleyin. Yanında ekmek, üstüne taze kişniş koyarak sıcak servis yapın.

35.Sopa De Lentejas Con Carne

İÇİNDEKİLER:

- 1 bardak Aliños sosu
- 2 büyük havuç, soyulmuş ve doğranmış
- Tatmak için tuz ve karabiber
- 1 lb. sığır eti, doğranmış
- ½ lb. mercimek, toplanmış ve durulanmış
- 8 su bardağı et suyu
- ½ çay kaşığı öğütülmüş achiot veya renkli
- 1 çay kaşığı öğütülmüş kimyon
- 3 orta boy beyaz patates, soyulmuş ve doğranmış
- ¼ bardak doğranmış taze kişniş

TALİMATLAR:

a) Alios sosu, havuç, et, mercimek, et suyu, achiote ve kimyonu bir tencerede karıştırın.

b) Karışımı ocakta yüksek ateşte kaynayana kadar pişirin.

c) Isıyı en aza indirin, kapağını kapatın ve 35 ila 40 dakika veya et ve mercimek pişene kadar pişirin. Gerekirse daha fazla su ekleyin. Patatesleri atın.

ç) Yaklaşık 25-30 dakika veya patatesler pişene kadar pişirin. Kıyılmış kişnişi ekledikten sonra tuzla tatlandırın. Beyaz pilavın yanında servis yapın.

36.Sopa De Patacones

İÇİNDEKİLER:
- 8 su bardağı et suyu
- 1 yemek kaşığı kanola yağı
- 1 su bardağı doğranmış soğan
- 3 diş sarımsak, kıyılmış
- 3 soğan, doğranmış
- ½ bardak kırmızı dolmalık biber, doğranmış
- Damak zevkinize göre tuz ve karabiber
- ½ çay kaşığı öğütülmüş kimyon
- ¼ çay kaşığı öğütülmüş achiot
- 12 adet pişmiş patacones, kızarmış yeşil plantain
- Garnitür için ¼ taze kişniş

TALİMATLAR:
a) Uygun bir tencerede yağı orta ateşte ısıtın ve soğan, sarımsak, yeşil soğan, dolmalık biber, kimyon ve achiote'yi ekleyin . Sık sık karıştırarak beş dakika pişirin.
b) Et suyunu da aynı tencerede kaynatın. Isıyı orta-düşük seviyeye düşürün ve 20 dakika daha pişirmeye devam edin.
c) Pataconları ekleyin ve kısık ateşte yaklaşık 10-15 dakika pişirin, pataconların kırılmasını önlemek için ara sıra karıştırın .
ç) Kişniş garnitürüyle ısıtılarak servis yapın.

37.Sancocho De Gallina

İÇİNDEKİLER:
- 3 parçaya kesilmiş 3 taze mısır kulağı
- 12 bardak su
- ½ fincan aliños
- 1 bütün büyük tavuk
- 1 çay kaşığı tuz
- 2 yeşil plantain, soyulmuş ve dilimlenmiş
- 2 adet tavuk bulyon küpü
- 6 orta boy beyaz patates, soyulmuş ve ikiye bölünmüş
- 1 lb. dondurulmuş yuca, doğranmış
- ¼ bardak doğranmış taze kişniş
- ¼ çay kaşığı karabiber

TALİMATLAR:
a) Tavuğu, mısırı, alios'u, tavuk bulyonunu, tuzu ve yeşil muzu uygun bir tencereye koyun.
b) Suyu kaynatın, ardından ısıyı orta dereceye düşürün ve üstü kapalı olarak 30 ila 35 dakika pişirin.
c) Yuca ve patatesler çatalla yumuşayana kadar 30 dakika daha pişirin, gerekirse patatesleri, yuca'yı ve biberi ekleyin. Salantroyu ekleyin ve iyice karıştırın. Tatmak için tuz ve karabiber ekleyin.
ç) Tavuk ve sebzeleri büyük çorba kaselerinde, tavuk ve sebzeleri eşit şekilde bölerek servis edin.

38. Mondongo Kolombiyalı

İÇİNDEKİLER:

- 1 lb. sığır işkembe mondongo, doğranmış
- 1 misket limonunun suyu
- ¼ çay kaşığı karbonat
- 1 ½ lb. domuz eti, doğranmış
- 3 Kolombiyalı chorizo, dilimlenmiş
- 1 domates, doğranmış
- 2 soğan, doğranmış
- ¼ bardak beyaz soğan, doğranmış
- 4 küçük patates, doğranmış
- 1 lb. yuca, doğranmış
- Tatmak için biber ve tuz
- ½ çay kaşığı öğütülmüş kimyon
- ¼ çay kaşığı achiote
- ⅓ bardak taze kişniş
- 1 diş sarımsak doğranmış

TALİMATLAR:

a) İşkembe ılık suda yıkanmalı ve limon suyuyla ovulmalıdır. Uygun bir tencerede kabartma tozunu, işkembeyi ve işkembeyi iki santim kaplayacak kadar suyu karıştırın.

b) Kaynayana kadar pişirin, ardından ateşi kısın ve iki saat pişirin. İşkembenin suyunu süzüp atın.

c) Hazırlanan işkembe, domuz eti, chorizo, domates, yeşil soğan, soğan, sarımsak, kimyon ve achiote'yi uygun bir tencerede pişirin. Kaynayana kadar pişirin, ardından ateşi kısın ve sürekli olarak pişirmeye devam edin.

ç) Yaklaşık 45 dakika boyunca. Yuca, kişniş ve patatesleri uygun bir karıştırma kabında birleştirin. 30 dakika daha pişirin.

d) Servis etmek için karışımı kaselere dökün ve üzerine taze kişniş ve limon dilimlerini ekleyin. Beyaz pirinç, avokado, muz ve bir parça acı sos (aj) ile servis yapın.

39. Köfte ve Pirinç Çorbası

İÇİNDEKİLER:
KÖFTELER
- 1 lb. kıyma
- ½ lb. kıyma domuz eti
- ¼ çay kaşığı sarımsak tozu
- ½ çay kaşığı soğan tozu
- ½ çay kaşığı öğütülmüş kimyon
- 2 çırpılmış yumurta
- ½ bardak masarepa veya benzeri mısır unu
- ½ bardak ılık su
- Tatmak için tuz

ÇORBA
- ½ su bardağı doğranmış soğan
- 2 diş sarımsak kıyılmış
- 1 soğan doğranmış
- 2 orta boy doğranmış domates
- ½ bardak kıyılmış kişniş
- 2 yemek kaşığı yağ
- 8 bardak su
- 1 adet et bulyon tableti
- ½ çay kaşığı öğütülmüş kimyon
- ½ bardak yeşil fasulye
- ½ bardak bezelye
- ½ su bardağı doğranmış havuç
- ½ bardak pirinç
- ½ çay kaşığı renkli achiote veya sazon azafrinli goya
- Garnitür için taze kişniş
- Avokado, servis için

TALİMATLAR:
a) Guizoyu hazırlamak için yağı uygun bir tencerede orta ateşte ısıtın.
b) Soğanlarla birlikte yaklaşık beş dakika pişirin, ardından geri kalan malzemeleri ekleyin ve ara sıra karıştırarak yaklaşık 10 dakika pişirin. Denklemden çıkarın. Bir tencereyi orta-yüksek sıcaklığa kadar önceden ısıtın.

c) Suyu, et bulyonunu, öğütülmüş kimyonu, guiso ve achiote'yi uygun bir karıştırma kabında birleştirin. Harmanlamak için her şeyi birlikte karıştırın. Isıyı en aza indirin ve 15 dakika daha pişirmeye devam edin. Et suyu kaynarken köfteleri hazırlayın:
ç) Köfte malzemelerinin tamamını uygun bir karıştırma kabına alıp elinizle iyice özleşene kadar karıştırın.
d) Ellerinizi kullanarak et karışımını 12 eşit miktara bölüp top haline getirin. Köfteleri bir tabağa koyun ve bir kenara koyun. Uygun bir karıştırma kabında köfteleri et suyuyla birleştirin.
e) Pirinci ve sebzeleri eklemeden önce 20 dakika pişirin ve 20 dakika daha kaynatmaya devam edin.
f) Taze kişnişi ekleyip üzerine avokado dilimleri ile servis yapın. Sert.

40.Kolombiya-Arpa ve Domuz Çorbası

İÇİNDEKİLER:
- 1 ½ lb. domuz kaburgası veya domuz kemiği
- 10 bardak su
- ½ su bardağı ıslatılmış arpa
- 2 sarı orta boy patates, soyulmuş ve doğranmış
- 2 kırmızı patates, soyulmuş ve doğranmış
- ½ su bardağı doğranmış soğan
- 3 diş sarımsak
- 2 soğan, doğranmış
- ¼ bardak kırmızı dolmalık biber, doğranmış
- 1 çay kaşığı öğütülmüş kimyon
- ½ bardak doğranmış taze kişniş
- ½ çay kaşığı sazon achiote ile goya
- 1 adet et bulyon tableti
- 2 su bardağı kıyılmış lahana
- ½ bardak bezelye
- ½ bardak doğranmış havuç
- Tatmak için biber ve tuz

TALİMATLAR:
a) Uygun bir mutfak robotunda soğanı, sarımsağı, yeşil soğanı ve kırmızı dolmalık biberi birleştirin. Bir tencereyi orta-yüksek sıcaklığa kadar önceden ısıtın.

b) Suyu, et bulyonunu, arpayı ve domuz kaburgalarını kaynatın. Isısını düşük bir ayara düşürün. Soğan karışımını ekleyin, tuz ve karabiber ekleyin ve 50 dakika pişirin.

c) Kapağını kapatıp 25 dakika daha veya et pişene kadar kaynatın ; patatesleri, lahanayı, bezelyeyi, havuçları, Sazon Goya'yı ve öğütülmüş kimyonu ekleyin.

ç) Üzerine kişniş serperek servis yapın.

41.Kolombiya Usulü Mercimek Çorbası

İÇİNDEKİLER:
- 1 çay kaşığı bitkisel yağ
- 1 bardak dilimlenmiş chorizo
- ½ su bardağı doğranmış soğan
- 1 diş sarımsak kıyılmış
- ½ su bardağı doğranmış soğan
- ½ su bardağı doğranmış domates
- 5 bardak su
- 1 ½ su bardağı kurutulmuş mercimek
- ½ çay kaşığı tuz
- ½ çay kaşığı biber
- ½ su bardağı rendelenmiş havuç
- ½ su bardağı patates, lokma büyüklüğünde doğranmış

KİŞİNÇ KREM
- ½ çay kaşığı kimyon tozu
- ½ bardak ağır krema
- 3 yemek kaşığı doğranmış taze kişniş
- 1 yemek kaşığı taze limon suyu

TALİMATLAR:
a) Uygun bir tencerede orta ateşte, chorizo'yu yağda düzenli olarak karıştırarak yaklaşık beş dakika pişirin.

b) Oluklu bir kaşık kullanarak chorizo'yu kağıt havlularla kaplı bir tabağa aktarın. Tuz ve karabiberle tatlandırın, ardından havuç, soğan, sarımsak, domates ve yeşil soğanları tencereye ekleyin.

c) Periyodik olarak karıştırarak 12 dakika pişirin. Kimyonu ekledikten sonra bir dakika daha pişirin.

ç) Mercimeği, suyu ve tuzu kaynatın. Isıyı orta-düşük seviyeye düşürün, örtün ve 45 dakika veya mercimekler pişene, ancak yumuşak olmayana kadar pişirin.

d) Neredeyse 15 ila 20 dakika kadar veya patatesler tamamen pişip çatalla yumuşayana kadar, chorizo ve patatesler tamamen pişip çatalla yumuşayana kadar pişirin. Gerekirse su ile inceltiniz.

e) Çorba kaselerine paylaştırdıktan hemen sonra üzerine isteğe göre krema ekleyerek servis yapın.

42.Deniz Ürünleri Yahnisi

İÇİNDEKİLER:

- 1 yemek kaşığı tereyağı
- 1 yemek kaşığı zeytinyağı
- ½ su bardağı doğranmış yeşil biber
- ½ su bardağı doğranmış kırmızı dolmalık biber
- 1 su bardağı doğranmış soğan
- 2 diş kıyılmış taze sarımsak
- 1 su bardağı rendelenmiş havuç
- 1 tablet balık bulyon
- ½ çay kaşığı kırmızı biber
- 4 bardak ağır krema
- 1 kutu (13,5 oz) hindistan cevizi sütü
- ⅓ bardak beyaz şarap
- 2 lbs. jumbo karides, soyulmuş ve ayrılmış
- 12 adet küçük boyunlu istiridye temizlendi
- 2 lbs. kılıçbalığı 1 inçlik parçalar halinde kesilmiş
- 1 yemek kaşığı doğranmış taze kişniş
- 1 yemek kaşığı kıyılmış taze maydanoz
- 1 yemek kaşığı domates salçası

TALİMATLAR:

a) Tereyağı ve yağı uygun bir tencerede orta ateşte ısıtın.
b) Soğanlar, kırmızı biber, sarımsak, yeşil biber ve havuçlar yumuşak ve şeffaf oluncaya kadar yaklaşık 10 dakika, ara sıra çevirerek pişirin. Tuz ve karabiberle tatlandırın. Kremayı, balık bulyonunu ve hindistancevizi sütünü kaynatın.
c) Deniz ürünlerini ekleyin, kapağını kapatın ve yaklaşık iki dakika veya istiridyeler açılıncaya kadar pişirin. Ateşten alın ve açılmamış kabukları atın. Şarap ve salçayı ekledikten sonra 20 dakika pişirin.
ç) Taze kişniş ve maydanozla süsleyerek sıcak servis yapın.

43. Üç Etli Sancocho

İÇİNDEKİLER:

- 8 parça tavuk
- 1 su bardağı doğranmış soğan
- 1 kırmızı dolmalık biber, doğranmış
- 4 diş sarımsak, doğranmış
- 1 çay kaşığı öğütülmüş kimyon
- ¼ çay kaşığı öğütülmüş achiot
- 3 parçaya bölünmüş 3 kulak taze mısır
- 12 bardak su
- 1 lb. domuz eti
- 1 lb. sığır eti, parçalar halinde kesilmiş
- 2 yeşil plantain, soyulmuş ve dilimlenmiş
- 4 orta boy beyaz patates soyulmuş ve ikiye bölünmüş
- 1 lb. taze yuca, doğranmış
- ¼ bardak doğranmış taze kişniş
- ¼ çay kaşığı toz biber
- 1 çay kaşığı tuz

TALİMATLAR:

a) Bir karıştırıcıda soğanı, biberi, sarımsağı ve kimyonu 12 bardak suyla birleştirin. Eti, domuz etini, tavuğu, mısırı, soğan karışımını, tuzu ve yeşil muzu uygun bir tencereye koyun.

b) Suyu kaynatın, ardından kapağını kapatın ve orta ateşte 45 dakika pişirin.

c) Patatesleri ve yuca'yı uygun bir karıştırma kabında birleştirin. Yaklaşık 30 dakika veya sebzeler çatalla yumuşayana kadar pişirin. Salantroyu ekleyin ve iyice karıştırın. Tatmak için tuz ve karabiber ekleyin.

ç) Et, tavuk ve sebzeleri eşit şekilde dağıtarak büyük çorba kaselerinde servis yapın.

44.Kolombiya Ahuyama Çorbası

İÇİNDEKİLER:
- 2 yemek kaşığı tereyağı
- 1 soğan, doğranmış
- 2 diş sarımsak, kıyılmış
- ½ çay kaşığı köri tozu
- ¼ çay kaşığı kırmızı biber gevreği
- 4 ½ litre tavuk suyu
- 2 ½ lbs. balkabağı, soyulmuş ve küp şeklinde
- ¼ çay kaşığı öğütülmüş hindistan cevizi
- 1 çay kaşığı Worcestershire sosu
- 1 yemek kaşığı kremalı fıstık ezmesi
- ½ bardak hafif krema
- ¼ bardak doğranmış taze maydanoz

TALİMATLAR:
a) Uygun bir tencerede orta ateşte tereyağını eritin. Soğanı, sarımsağı, köri tozunu ve kırmızı pul biberi uygun bir karıştırma kabında birleştirin.
b) Soğan şeffaf olana kadar neredeyse beş ila sekiz dakika pişirin. Uygun bir karıştırma kabında soğan karışımını, tavuk suyunu ve kabakları birleştirin.
c) Çorbayı orta ateşte 20 dakika veya kabak çatalla delindiğinde yumuşayana kadar pişirin. Isıyı kapattıktan sonra hindistan cevizini, Worcestershire sosunu ve fıstık ezmesini karıştırın.
ç) Karışımı gruplar halinde bir blender veya mutfak robotunda pürüzsüz hale gelinceye kadar karıştırın veya işleyin, yavaş yavaş kremayı ekleyin.
d) Üzerine maydanoz serperek servis yapın.

45.Kolombiyalı Tavuk Mısır ve Patates Yahnisi

İÇİNDEKİLER:
- 2 yemek kaşığı zeytinyağı
- 1 büyük sarı soğan, doğranmış
- 4-5 diş sarımsak, kıyılmış
- 1 yemek kaşığı tuz
- 1 yemek kaşığı karabiber
- 4 su bardağı tavuk suyu
- 1 ½ su bardağı su
- 2 lbs. karışık Idaho patatesleri, doğranmış
- 3 kulak taze mısır, dörde bölünmüş
- 1 demet kişniş, sapları doğranmış
- 1 demet taze soğan, doğranmış
- 2 yemek kaşığı kurutulmuş guascas veya kurutulmuş kekik
- 3 lbs. kemiksiz tavuk göğsü

GARNİTÜR
- Avokado dilimleri
- Meksika kreması veya ekşi krema
- kapari
- Kireç takozlar
- Kişniş

TALİMATLAR:

a) Instant Pot'unuzun sote fonksiyonuna zeytinyağını ekleyin. Soğanı ve sarımsağı bir karıştırma kabında birleştirin. Soğanlar yumuşayana kadar yaklaşık 5 dakika pişirin. Sote seçeneğini menüden kaldırın.

b) Tavuk göğsünün yanı sıra tavuk suyu, su, patates, mısır, guascas veya kekik, kişniş, taze soğan, tuz ve karabiberi damak tadınıza göre ekleyin.

c) Vanayı sızdırmaz hale getirecek şekilde çevirin ve kapağı kapatın. Çorba ayarını açın ve 30 dakika pişmeye bırakın.

ç) Pişirme tamamlandıktan sonra basıncın düşürülmesine izin verin. Basıncı düşürmeyi bitirmek için valfi havalandırma konumuna getirin ve Hazır Kap'ı dikkatlice açın.

d) Tavuk göğsünü çıkarın ve iki çatalla parçalayıp tekrar güveçte karıştırın ve hafifçe karıştırın.

e) Avokado dilimleri, taze kişniş, limon dilimleri, kapari ve ekşi krema ile servis yapın.

46.Tavuk ve Hindistan Cevizi Çorbası

İÇİNDEKİLER:

- 4 yemek kaşığı tereyağı
- ½ bardak soğan, doğranmış
- 1 küçük kırmızı dolmalık biber, doğranmış
- 2 soğan, doğranmış
- 1 büyük havuç, soyulmuş ve jülyen doğranmış
- ¼ çay kaşığı kimyon, öğütülmüş
- ¼ çay kaşığı achiot , öğütülmüş
- 2 büyük sarı patates, soyulmuş ve doğranmış
- 4 su bardağı tavuk suyu
- 2 büyük tavuk göğsü, doğranmış
- 2 yemek kaşığı domates salçası
- 2 başak mısır parçalara ayrılmış
- 2 bardak hindistan cevizi sütü
- ½ bardak ağır krema
- 1 bardak bezelye
- Tatmak için biber ve tuz
- Servis için taze doğranmış kişniş

TALİMATLAR:

a) Tereyağını uygun bir tencerede orta ateşte eritin. Soğanları, kırmızı dolmalık biberi, yeşil soğanı, havuçları, kimyonu ve achiote'yi uygun bir karıştırma kabında birleştirin.

b) Neredeyse 5 dakika kadar yumuşayana kadar pişirin. Isıyı orta-yüksek seviyeye yükseltin ve patatesleri, tavuk göğsünü, salçayı ve et suyunu kaynatın. Isıyı en aza indirin ve kısmen kapalı olarak 20 ila 30 dakika veya patatesler yumuşayana kadar pişirin. Mısır ve hindistancevizi sütünü ekledikten sonra yaklaşık 10 dakika kadar kısık ateşte pişirin.

c) Kremayı ve bezelyeyi ekledikten sonra beş dakika daha pişirin. Tuz ve karabiberle tatlandırın.

ç) Taze kişniş ile süsleyin.

47.Kolombiyalı Tavuk Sancocho

İÇİNDEKİLER:

- 1 ½ çay kaşığı zeytinyağı
- 6 soğan, doğranmış
- 1 orta boy domates, doğranmış
- 4 diş sarımsak, doğranmış
- 6 adet kemiksiz derisiz tavuk budu
- 1 su bardağı kıyılmış kişniş yaprağı ve sapları
- 3 orta boy kırmızı patates, soyulmuş ve doğranmış
- 10 oz. dondurulmuş avize ağacı, 4 adet
- 3 başak mısır, ikiye bölünmüş
- ½ orta boy yeşil muz, soyulmuş ve doğranmış
- 1 çay kaşığı kimyon
- 2 adet tavuk bulyon küpü

TALİMATLAR:

a) Uygun bir tencerede soğanı ve sarımsağı yağda soteleyin. Domatesleri ekledikten sonra bir dakika daha soteleyin. Tuz ekleyin ve tavuk parçalarını ekleyin.

b) Birkaç dakika piştikten sonra avize ağacını, muzu ve sekiz bardak suyu tencereye ekleyin. Tencereyi tavuk bulyon, kimyon ve kişnişin yarısı ile kaplayın.

c) Yaklaşık 40 dakika kısık ateşte pişirin. 40 dakika sonra tadıp tuzunu ayarlayın, ardından patatesleri ekleyip 15 dakika daha kaynatın.

ç) Yaklaşık yedi dakika veya mısır tamamen pişene kadar pişirin. Üstüne kişniş ekleyerek büyük kaselerde servis yapın.

ANA YEMEKLER

48. Kolombiya Usulü Domuz Dolması

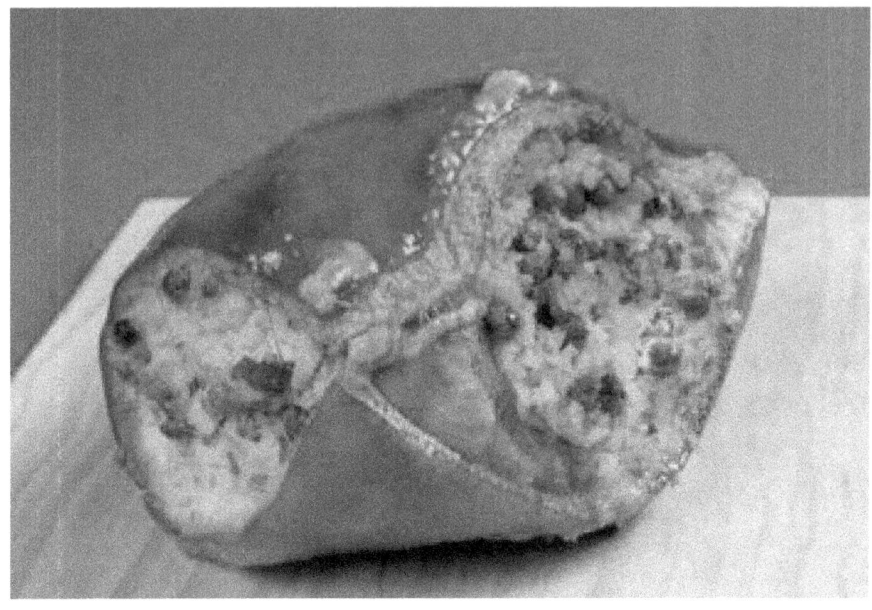

İÇİNDEKİLER:
- 2 lbs. domuz yağı sırt derileri
- ¼ bardak domuz yağı veya domuz yağı
- 4 adet doğranmış soğan
- 4 diş sarımsak doğranmış
- 1 çay kaşığı öğütülmüş kimyon
- 1 çay kaşığı azafranlı sazon
- ¾ bardak bezelye
- 1 ¼ bardak pişmiş beyaz pirinç
- Tatmak için biber ve tuz
- 2 lbs. lb. domuz eti, küçük parçalar halinde kesilmiş

TALİMATLAR:
a) Domuz yağını veya domuz yağını uygun bir tencerede eritin. Soğanları ve sarımsakları bir karıştırma kabında birleştirin. Yaklaşık 3 dakika pişirin.

b) Domuz eti, pişmiş pirinç, öğütülmüş kimyon, sazon, bezelye, tuz ve karabiberi uygun bir karıştırma kabında birleştirin. Bir karıştırma kabında domuz yağı ve soğan karışımını birleştirin. Plastik ambalajla kapladıktan sonra bir saat buzdolabında saklayın. Domuz yağı derisini soğuk suyla durulayın ve kurulayın. Domuz yağı derisini folyo kaplı bir fırın tepsisine veya fırın tepsisine yerleştirin ve pirinç karışımıyla kaplayın.

c) Pirinç ve domuz eti karışımını tamamen kaplamak için domuz derisini yuvarlamaya başlayın .

ç) Bir arada tutmak için mutfak ipiyle bağlayın. 475 derece F'de fırınınızı önceden ısıtın. Açıkta pişirirken cildin yaklaşık 40 dakika kahverengileşmesine izin verin.

d) Üzerini folyo ile kapattıktan sonra 45 dakika daha pişirin. Fırından çıkarıp doğrama tahtası üzerine yerleştirin.

e) Lechona en az 15 dakika dinlendikten sonra dilimleyin. Arepa , tuzlu patates ve limon dilimleriyle birlikte servis yapın .

49.Kolombiya Domuz Milanese

İÇİNDEKİLER:
DOMUZ ETİ
- 4 ince domuz kemiksiz pirzola (¼-½ inç kalınlığında)
- 4 orta boy limonun suyu
- ½ yemek kaşığı öğütülmüş kimyon
- 1 yemek kaşığı sarımsak tozu
- 1 yemek kaşığı soğan tozu
- Tatmak için biber ve tuz

EKMEK
- 1 su bardağı (140 gr) çok amaçlı un
- 2 büyük yumurta
- 1 yemek kaşığı su
- 1 su bardağı (140 gr) sade galeta unu
- Tatmak için biber ve tuz
- Yağ

TALİMATLAR:
a) Domuz pirzolalarını kimyon, sarımsak, soğan, tuz ve karabiberle tatlandırın, ardından üzerine limon suyu gezdirin. Bu her iki tarafta da yapılmalıdır. Domuz pirzolalarını bir cam kavanoza koyup plastik ambalajla kapattıktan sonra 30 dakika buzdolabında saklayın.
b) Uygun bir karıştırma kabında un, tuz ve karabiberi birleştirin. Ayrı bir büyük karıştırma kabında yumurtaları ve suyu çırpın, tuz ve karabiberle tatlandırın.
c) Ayrı bir büyük tabakta ekmek kırıntılarını tuz ve karabiberle tatlandırın.
ç) Domuz pirzolalarını 30 dakika sonra buzdolabından çıkarın ve una bulayın. Daha sonra bunları yumurta karışımına batırın ve fazlalığını damlatın.
d) ekmek kırıntılarına bulayıp her iki tarafını da iyice kaplayın. Hazırlanan domuz pirzolalarını, uygun bir tavada yeterli yağ ile orta ateşte her iki tarafı da yaklaşık 6 dakika veya tamamen pişip altın rengi kahverengi olana kadar pişirin. Gerekirse bunları gruplar halinde pişirin. Hemen patates kızartması, yan salata, tuzlu patates veya arepa ile servis yapın.

50.Kolombiyalı Kızartılmış Bütün Balık

İÇİNDEKİLER:
- 4 bütün küçük tilapia, temizlenmiş ve ölçeklendirilmiş
- 2 adet orta boy lime
- 4 diş sarımsak, kıyılmış
- Tatmak için tuz
- 1 fincan çok amaçlı un
- Kızartmalık yağ

TALİMATLAR:
a) Keskin bir bıçak kullanarak balığın her iki tarafına 3-4 çapraz kesi yapın.
b) Her balığa limon suyu , sarımsak ve tuzu ekleyin .
c) Sıvının, sarımsağın ve tuzun, yaptığınız dilimlerin yanı sıra boşluğun içine girdiğinden emin olun. Uygun bir tavada, yaklaşık 1 inç yağı, orta-yüksek ateşte, sıcaklık 350 derece F'ye ulaşana kadar beş dakika boyunca ısıtın.
ç) Unu kullanarak her balığın her iki tarafını da kaplayın, fazlalığı silkeleyin ve sıcak yağa koyun.
d) Sıcak bir tavada her iki tarafı da beş ila yedi dakika, altın rengi kahverengi olana kadar pişirin. Sert.

51.Kolombiya Domates ve Soğan Salsası

İÇİNDEKİLER:

- 1 orta boy soğan, doğranmış
- 2 adet olgun domates, doğranmış
- 4 yeşil soğan, doğranmış
- ½ yeşil biber, yaklaşık ⅓ bardak doğranmış
- 3 diş sarımsak, kıyılmış
- 3 yemek kaşığı zeytinyağı
- ½ çay kaşığı kimyon
- 1 paket Sazón Goya con Azafran
- ¼ bardak kişniş yaprağı, iri kıyılmış
- 1 tutam tuz
- 1 tutam karabiber veya tadı

TALİMATLAR:

a) Uygun bir tavada zeytinyağıyla birlikte doğranmış soğanı, domatesi, yeşil soğanı, yeşil biberi, sarımsağı, zeytinyağını, kimyonu ve Sazón Goya'yı birleştirin.

b) Sebzeler yumuşayıp kokusu çıkana kadar, orta ateşte yaklaşık 10 dakika, sık sık çevirerek pişirin.

c) Kişnişi eklemeden önce karışım son derece yumuşak ve iyice karışıncaya kadar neredeyse beş dakika pişirin. Sert.

52.Kolombiya Fasulyesi

İÇİNDEKİLER:
- 1 lb. kurutulmuş kırmızı fasulye
- 2 havuç, doğranmış
- 1 muz, doğranmış
- 1 (5 gr) zarf sazon goya
- 1 yemek kaşığı tuz
- Hogao (Kolombiya Creole Sosu)
- 1 küçük domates, doğranmış
- ½ küçük soğan, doğranmış
- 2 sap yeşil soğan, doğranmış
- ¼ bardak taze kişniş, doğranmış
- 2 yemek kaşığı yağ

TALİMATLAR:
a) Fasulyeleri kalıntılardan arındırmak için suyla iyice yıkayın.
b) Düdüklü tencereye yerleştirin ve maksimum çizgisine kadar suyla doldurun. Ocağa sıkı oturan bir kapak yerleştirin ve yüksek ateşte 35 dakika pişirin. Düdüklü tencereyi ocaktan alın ve açmadan önce buharın tamamen çıkmasını sağlayın.
c) Havuç, plantain, sazon ve tuz eklenir. Fasulyenizi daha çorbalı tercih ediyorsanız, kaybedilen miktarın yerine ilave su ekleyin; bunu yapmazsanız çok kuru olacaklar ve bir sonraki aşamada onları daha yakından izlemeniz gerekecek çünkü yanma olasılıkları daha yüksek.
ç) Kapağını kapatıp orta-yüksek ateşte 20-30 dakika daha pişirin. Fasulyeler kaynarken az miktarda yağda domatesi, soğanı ve kişnişi bir miktar tuzla soteleyin.
d) Fasulyeler pişince hogao'yu ekleyin ve yumuşak olup olmadığını kontrol edin; Gerekirse kapağını kapatın ve 5-10 dakika daha kaynamaya devam edin. Beyaz pirinç ve en sevdiğiniz etle servis yapın ve tadını çıkarın!

53. Carne En Polvo

İÇİNDEKİLER:

- 1 lb. yan biftek, doğranmış
- 5 bardak su
- 2 diş sarımsak, ezilmiş
- 2 soğan, doğranmış
- ½ su bardağı doğranmış soğan
- ½ çay kaşığı öğütülmüş kimyon
- Tatmak için biber ve tuz

TALİMATLAR:

a) Plastik bir torbadaki yan bifteğe yeşil soğan, sarımsak, soğan, kimyon, tuz ve karabiber ekleyin. En az iki saat buzdolabında bekletin.
b) Biftek ve suyu uygun bir tencerede orta-yüksek ateşte kaynatın.
c) Isıyı orta-düşük seviyeye düşürün, ardından eti bir saat pişirin.
ç) Pişen etleri sudan çıkarıp soğumaya bırakın. Sığır eti pişirmek için kullanılan su, çorba yapımında veya diğer öğünlerde et suyu olarak kullanılabilir. Sığır eti mutfak robotuna koyun ve parçalara ayırın.
d) Eti toz kıvamına gelinceye kadar işleyin. Sert.

54.Kolombiya Mercimek

İÇİNDEKİLER:
- ½ bardak mercimek
- 1 ½ su bardağı su
- 1 küçük domates, doğranmış
- 1 küçük soğan, doğranmış
- 2 çay kaşığı öğütülmüş kimyon
- 1 çay kaşığı tuz
- 1 yemek kaşığı bitkisel yağ
- 2 küçük sarı patates, küp şeklinde

a) YAPILIŞI :
Uygun bir tencerede orta-yüksek ateşte mercimeği, suyu, domatesi, soğanı, kimyonu, tuzu ve bitkisel yağı birleştirin; kaynatın.

b) Mercimekler yumuşayana kadar yaklaşık 30 dakika pişirin. Patatesler yumuşayana kadar ara sıra karıştırarak yaklaşık 15 dakika daha pişirin.

55.Kolombiya Turmada Patatesi

İÇİNDEKİLER:
- 6 büyük patates, soyulmuş ve dilimlenmiş
- 2 yemek kaşığı bitkisel yağ
- 6 bağlantı domuz sosisi, dilimlenmiş
- ¼ bardak doğranmış beyaz soğan
- ¼ bardak doğranmış yeşil soğan
- ½ bardak doğranmış taze domates
- 1 çay kaşığı öğütülmüş kimyon
- ½ çay kaşığı kurutulmuş kekik, öğütülmüş
- Tatmak için biber ve tuz
- 3 dilim beyaz sandviç ekmeği, doğranmış
- ½ bardak süt
- 1 su bardağı rendelenmiş mozarella peyniri
- 1 su bardağı rendelenmiş parmesan peyniri
- 2 yemek kaşığı bitkisel yağ
- 6 adet haşlanmış yumurta, dilimlenmiş

TALİMATLAR:
a) 350 derece F'de fırınınızı önceden ısıtın. 9x13 inçlik bir cam pişirme kabı yağlanmalıdır. Uygun bir tencereyi yarısına kadar tuzlu suyla doldurup patatesleri ekleyin.

b) Yüksek ateşte kaynatın, ardından orta-düşük ısıya düşürün, kapağını kapatın ve 20 dakika veya sebzeler yumuşayana kadar pişirin. Uygun bir tavada orta ateşte bitkisel yağı ısıtın; Sosisleri kızgın yağda 5 dakika pişirin.

c) Beyaz ve yeşil soğanları ekledikten sonra 5 dakika daha pişirin. Domates, kimyon ve kekiği bir karıştırma kabında birleştirin. Tatmak için tuz ve karabiber.

ç) Isıyı düşük ısıya düşürün ve 10 dakika pişirin. Sütü bir kasedeki ekmek küplerinin üzerine dökün, her parçanın ıslandığından emin olun. Patates dilimlerinin yarısı hazırlanan yemeğin dibine gitmelidir.

d) Patatesleri sosis karışımıyla kaplayın.

e) Dilimlenmiş yumurtalar, ıslatılmış ekmeğin yaklaşık yarısı, mozzarella peyniri, kalan patates dilimleri, kalan ıslatılmış ekmek ve son olarak Parmesan peyniri üst üste dizilir .

f) Tamamen ısınana kadar önceden ısıtılmış fırında 30 dakika pişirin.

56.Kolombiyalı Carne Asada

İÇİNDEKİLER:
- 2 lbs. yan biftek, büyük parçalar halinde kesilmiş
- 2 yemek kaşığı zeytinyağı

MARİNA
- 1 yemek kaşığı şeker
- 1 yemek kaşığı kırmızı şarap sirkesi
- 1 ½ yemek kaşığı limon suyu
- 1 çay kaşığı kimyon
- 1 çay kaşığı biber tozu
- 1 çay kaşığı tuz
- 3 diş sarımsak, doğranmış

CHİMİCHURRİ
- 1 su bardağı maydanoz yaprağı
- 3 diş sarımsak
- 2 yemek kaşığı zeytinyağı
- 1 yemek kaşığı kırmızı şarap sirkesi
- 2 yemek kaşığı limon suyu
- Tatmak için tuz
- Tatmak için taze çekilmiş karabiber

TALİMATLAR:
a) Chimichurri sos malzemelerinin tamamını blenderda karıştırın ve bir kenarda bekletin.
b) Marine malzemelerini uygun bir kapta karıştırın ve biftek parçalarını içine yerleştirin. Kaplamak için iyice karıştırın, örtün ve 2 saat buzdolabında saklayın. Bu arada fırınınızı 350 derece F'de önceden ısıtın.
c) Biftek parçalarını parşömen kağıdıyla kaplı bir fırın tepsisine yerleştirin. Kalan turşuyu bifteğin üzerine dökün ve yumuşayana kadar fırında 20-30 dakika pişirin.
ç) Yarıya kadar piştikten sonra bifteği çevirin. Sert.

57.Siyah Fasulye ve Mısırlı Vejetaryen Empanadas

İÇİNDEKİLER:
HAMUR
- 4 su bardağı çok amaçlı un
- 3 yemek kaşığı toz şeker
- 1 ½ çay kaşığı tuz
- ¾ bardak soğuk domuz yağı
- 2 yemek kaşığı tereyağı
- 2 büyük yumurta sarısı
- ¾ ila 1 bardak su

DOLGU
- ½ bardak altın kuru üzüm
- 3 yemek kaşığı bitkisel yağ
- 1 küçük soğan, doğranmış
- 2 çay kaşığı aji panka ezmesi
- 1 çay kaşığı kimyon
- ½ çay kaşığı sarımsak tuzu
- 1 orta boy domates, çekirdekleri çıkarılmış ve doğranmış
- 6 orta boy soğan, doğranmış
- 1 yemek kaşığı toz şeker
- 1 (15 ½ oz.) kutu siyah fasulye, süzülmüş
- 2 su bardağı dondurulmuş mısır taneleri
- 1 yemek kaşığı limon suyu
- 115 gram. çiftçi peyniri, doğranmış
- 115 gram. biberli jack peyniri, doğranmış
- ¼ bardak taze kişniş, doğranmış

TOPLANTI
- 1 büyük yumurta, dövülmüş
- 1 su bardağı elenmemiş şekerleme şekeri

TALİMATLAR:
a) Tüm empanadas hamuru malzemelerini bir karıştırma kabında karıştırın ve ardından 5 dakika yoğurun.

b) Hazırlanan empanadas hamurunu bir kaseye koyun, üzerini örtün ve 10 dakika bekletin. İçi için soğanı aji salçası, sarımsak tuzu ve kimyonla birlikte yağda bir tavada beş dakika soteleyin.

c) Domatesleri, şekeri ve yeşil soğanları karıştırın ve sekiz dakika pişirin. Siyah fasulyeleri ve diğer dolgu malzemelerini ekleyin.

ç) İyice karıştırıp 10 dakika pişirin. Hazırlanan hamuru 20 eşit parçaya bölüp her birini yarım santim kalınlığında açın. Siyah fasulye dolgusunu dairelerin üzerine paylaştırıp ikiye katlayın. Hamurun kenarlarını sıkıştırıp iç malzemeyi kapatın. 350 derece F'de fırınınızı önceden ısıtın.

d) Hazırlanan siyah fasulye empanadalarını bir fırın tepsisine yerleştirin ve 15 dakika pişirin ve yarı piştikten sonra çevirin. Sert.

58.Frijoles Kolombiyalılar

İÇİNDEKİLER:
- 3 bardak barbunya fasulyesi, ıslatılmış
- 1 lb. domuz dizleri
- 6 bardak su
- 1 su bardağı rendelenmiş havuç
- ½ çay kaşığı tuz
- ½ yeşil muz, ¼-inç halinde kesilmiş

GUISO
- 1 yemek kaşığı doğranmış soğan
- 2 su bardağı doğranmış domates
- ¼ bardak doğranmış soğan
- 3 yemek kaşığı bitkisel yağ
- ¼ çay kaşığı tuz
- 1 diş sarımsak, kıyılmış
- ¼ bardak kıyılmış kişniş
- ¼ çay kaşığı öğütülmüş kimyon

TALİMATLAR:
a) Islatılmış fasulyeleri süzün ve uygun bir tencerede su ve domuz dizleriyle karıştırın.

b) Fasulyeleri orta-yüksek ateşte kaynatın, ardından kapağını kapatın ve ısıyı orta-düşük seviyeye düşürün. Fasulyeleri yaklaşık 2 saat veya neredeyse yumuşayana kadar kaynamaya bırakın. Fasulyeler pişerken guiso'yu hazırlayın.

c) Uygun bir tavada bitkisel yağ ile orta ateşte yaklaşık 15 dakika pişirin ve domates, soğan, yeşil soğan, tuz, sarımsak, kişniş ve öğütülmüş kimyonu ekleyin.

ç) Fasulyeler neredeyse pişince guiso'yu, muzları, havuçları ve tuzu ekleyin.

d) 60 dakika daha veya fasulyeler tamamen pişene kadar pişirin.

e) guiso, plantain, havuç ve tuzla üç saat daha pişirin. Tuzunu kontrol ettikten sonra servis yapın.

59. Sancocho De Albondigas

İÇİNDEKİLER:

- ½ lb. kıyma domuz eti
- ½ lb. kıyma
- 4 yemek kaşığı aliños
- ½ çay kaşığı tuz
- ½ su bardağı önceden pişirilmiş mısır unu
- ½ ılık su
- 1 bardak Aliños sosu
- 3 parçaya kesilmiş 3 taze mısır kulağı
- 12 bardak su
- 2 yeşil plantain, soyulmuş ve dilimlenmiş
- 4 orta boy beyaz patates, soyulmuş ve ikiye bölünmüş
- 1 lb. dondurulmuş veya taze yuca, doğranmış
- ¼ bardak taze kişniş, doğranmış
- ¼ çay kaşığı karabiber
- 1 çay kaşığı tuz

TALİMATLAR:

a) Eti, domuz etini, alios'u, tuzu, mısır unu ve suyu uygun bir karıştırma kabında birleştirin. Hazırlanan karışımı her şey iyice birleşene kadar elinizle yoğurun. Karışımdan 8 adet köfte yapıp tabağa dizin.

b) Uygun bir tencereye su, sarımsak, köfte, mısır, tuz ve yeşil otu koyun. Kaynayana kadar pişirin, ardından orta-düşük ısıyı azaltın ve yaklaşık 45 dakika pişirin. Patatesleri ve yuca'yı uygun bir karıştırma kabında birleştirin.

c) Sebzeler çatalla yumuşayana kadar 30 dakika daha pişirin. Salantroyu ekleyin ve iyice karıştırın. Tatmak için tuz ve karabiber ekleyin.

ç) Köfteleri ve sebzeleri büyük çorba kaselerinde, köfteleri ve sebzeleri eşit şekilde bölerek servis edin.

60. Crema De Aguacate

İÇİNDEKİLER:

- 1 yemek kaşığı tereyağı
- ½ su bardağı doğranmış soğan
- 1 diş sarımsak kıyılmış
- 4 su bardağı tavuk suyu
- Soyulmuş ve püre haline getirilmiş 2 olgun avokado
- 1 çay kaşığı limon suyu
- 2 bardak ağır krema
- ¼ çay kaşığı öğütülmüş kimyon
- Tatmak için biber ve tuz
- ¼ bardak doğranmış taze kişniş

TALİMATLAR:

a) Uygun bir tencerede tereyağını orta ateşte ısıtıp soğan ve sarımsakları ekleyin. Sık sık karıştırarak 5 dakika pişirin. Tavuk suyunu karıştırın ve kaynatın.

b) Isıyı orta-düşük seviyeye düşürün, avokado, limon suyu, kremalı kimyon, karabiber ve tuzu ekleyip 10 dakika daha pişirmeye devam edin.

c) Bu çorbayı pürüzsüz hale gelinceye kadar bir blender ile püre haline getirin ve kişniş ile süsleyin.

61.Kolombiya Usulü Köfte

İÇİNDEKİLER:
- ½ lb. kıyma domuz eti
- ½ lb. kıyma
- 1 büyük yumurta
- ½ çay kaşığı öğütülmüş kimyon
- ¼ bardak önceden pişirilmiş mısır unu masarepa
- 1 diş sarımsak kıyılmış
- ¼ bardak doğranmış soğan
- 1 soğan doğranmış
- ¼ bardak kırmızı dolmalık biber
- Tatmak için biber ve tuz
- Köfteleri pişirmek için 2 yemek kaşığı sıvı yağ
- 2 bardak hogao (Kolombiya Creole sosu) veya benzeri domates sosu
- 2 su bardağı et suyu
- 2 yemek kaşığı çok amaçlı un
- ¼ bardak taze kişniş

TALİMATLAR:

a) Köfteleri hazırlamak için domuz eti ve kıymayı uygun bir karıştırma kabında birleştirin. Uygun bir karıştırma kabında soğan, sarımsak, yeşil soğan, kırmızı dolmalık biber, masarepa, yumurta, tuz ve karabiberi birleştirin.

b) Ellerinizi kullanarak malzemeleri iyice birleştirin. Köfteleri top haline getirip servis tabağına dizin. Uygun bir tencerede yağı orta ateşte önceden ısıtın. Köfteleri yaklaşık yedi dakika veya her tarafı iyice kızarana kadar soteleyin.

c) Fazla sıvıyı emmesi için köfteleri kağıt havluyla kaplı bir tabağa yerleştirin.

ç) Sosu hazırlamak için tarifin geri kalan malzemelerini bir karıştırma kabında birleştirin. Unu, yağda tamamen eriyene kadar tahta bir kaşıkla karıştırın. Et suyunu dökün ve tavanın tabanını tahta bir kaşıkla kazıyarak parçaların çıkmasını sağlayın.

d) Sıvı azalıncaya ve bir sos oluşuncaya kadar kısık ateşte pişirin. Hogao'yu ekledikten sonra sık sık karıştırarak 10 dakika pişirin. Köfteleri tekrar sosun içine atın.

e) Sos hafifçe kalınlaşana ve köfteler iyice ısınana kadar yaklaşık 20 dakika pişirin. Kişniş ile süslenmiş beyaz pirinç üzerinde servis yapın.

62.Kişniş-Sarımsak Yağı ile Fırında Somon

İÇİNDEKİLER:

- 4 6 ons somon filetosu
- 2 bardak taze kişniş, sapları çıkarılmış
- ½ su bardağı zeytinyağı
- Tatmak için biber ve tuz
- 2 diş sarımsak
- ½ limon suyu

TALİMATLAR:

a) 400 derece F'de fırınınızı önceden ısıtın. Somon filetolarını uygun bir fırın tepsisine yerleştirin. Her filetoyu tatmak için tuz ve karabiber serpin.

b) Kişniş, yağ, sarımsak, limon, tuz ve karabiberi bir mutfak robotunda birleştirin. Bitki karışımının yarısını somon filetolarının üzerine dökün.

c) Somonun pişirme kabını 15 ila 20 dakika veya somon tamamen pişene kadar pişirin. Kalan kişniş sosunu balıkların üzerine gezdirip servis yapın.

63.Karides Soslu Somon

İÇİNDEKİLER:

- 4-6 oz. Somon fileto
- Tatmak için biber ve tuz
- ½ çay kaşığı kırmızı biber
- 3 yemek kaşığı tereyağı
- ¼ bardak doğranmış soğan
- 1 ½ su bardağı süt
- 3 yemek kaşığı çok amaçlı un
- 1 ½ su bardağı süt
- ¼ bardak ağır krema
- 1 lb. karides soyulmuş, ayrılmış ve parçalar halinde kesilmiş
- ¼ çay kaşığı öğütülmüş kimyon
- ½ tablet balık bulyon

TALİMATLAR:

a) 400 derece F'de fırınınızı önceden ısıtın. Somon filetolarını uygun bir fırın tepsisine yerleştirin. Her fileto üzerine kırmızı biber, tuz ve karabiber serpilir.
b) Pişirme kabını 15 ila 20 dakika veya somon tamamen pişene kadar pişirin.
c) Sosu hazırlamak için tereyağını uygun bir tencerede orta ateşte eritin, soğanları ekleyin ve yaklaşık üç dakika veya şeffaflaşana kadar soteleyin.
ç) Unu soğanlarla birlikte fırında iki dakika karıştırın.
d) Sütü kaynatın, ardından ısısını azaltın.
e) Karides, tuz, karabiber, kimyon ve balık bulyonuyla beş dakika pişirin. Ağır kremayı ekledikten sonra iki dakika daha pişirin.
f) Isıyı kapatın. Karidesleri bir kaseye dökün.

64. Kolombiya Usulü Kavrulmuş Domuz Bacağı

İÇİNDEKİLER:

- 1 (10 lbs.) kemikli domuz budu
- 8 soğan, doğranmış
- 1 kırmızı dolmalık biber, doğranmış
- 1 büyük beyaz soğan, doğranmış
- 10 diş sarımsak, ezilmiş
- 3 yemek kaşığı öğütülmüş kimyon
- 2 yemek kaşığı beyaz sirke
- Damak zevkinize göre tuz ve karabiber
- 6 bardak koyu bira
- 1 yemek kaşığı öğütülmüş achiote

TALİMATLAR:

a) Domuz etini buzdolabında saklayıp fırında kullanabileceğiniz uygun bir kızartma tavasına koyun.

b) Domuz eti turşusunu hazırlamak için tüm malzemeleri bir karıştırma kabında karıştırın. Uygun bir mutfak robotunda yeşil soğanı, kırmızı dolmalık biberi, soğanı, ezilmiş sarımsağı, öğütülmüş kimyonu, sirkeyi, tuzu ve karabiberi birleştirin. Her şey güzel bir şekilde bütünleşene kadar işlem yapın.

c) derin kesiler yapılmalı ve turşu etin her yerine sürülmelidir. Tavayı plastik ambalajla kapladıktan sonra 24 saat buzdolabında saklayın. Domuz bacağının bira ve öğütülmüş achiote ile 24 saat daha marine edilmesine izin verin ve onu her sekiz saatte bir çevirin.

ç) hazır olduğunuzda buzdolabından çıkarın ve oda sıcaklığında 30 dakika bekletin. 325 derece F'de fırınınızı önceden ısıtın.

d) Kızartma tavasını folyoyla sıkıca kapatın ve fırının en alt rafında beş ila yedi saat veya yumuşayana kadar pişirin.

e) Domuz bacağının kurumasını önlemek için, her 20 dakikada bir çorba kepçesi ile tava soslarında yıkayın. Domuz eti pişince folyoyu tavadan çıkarın ve derisi gevrekleşip çatırdayana kadar yedi dakika kızartın.

65. Kireç Soslu Biftek

İÇİNDEKİLER:
- Tadına göre kaba tuz
- 1 ½ lbs. etek bifteği kesilmiş, ikiye kesilmiş
- Tatmak için karabiber
- ½ limon, suyu sıkılmış

TALİMATLAR:
a) Bifteği karabiber, limon suyu ve tuzla ovalayın.
b) Orta ateşte bir tava ayarlayın.
c) Pişirme spreyi ile yağlayın ve bifteği her tarafı üçer dakika pişirin. Sıcak servis yapın.

66.Tavuklu sandviç

İÇİNDEKİLER:

- ¾ bardak et lokantası tavuk, kıyılmış
- ⅓ fincan hafif mayonez
- 2 yemek kaşığı ketçap
- 1 çay kaşığı taze limon suyu
- ½ bardak havuç, soyulmuş ve doğranmış
- ¼ bardak kuru üzüm
- 1 tutam tuz
- 1 tutam karabiber
- 4 dilim tam buğday ekmeği

TALİMATLAR:

a) Kıyılmış tavuğu bir kapta karabiber, tuz, kuru üzüm, havuç, limon suyu, ketçap ve mayonezle karıştırın.

b) Tam buğdaylı ekmek dilimlerinin yarısını peynir karışımıyla kaplayın ve diğer ekmek dilimlerini üstüne yerleştirin. Dilimleyip servis yapın.

67.Kolombiya Domuz Kaburgası

İÇİNDEKİLER:

- 4 çay kaşığı tuz
- 4 diş sarımsak, kıyılmış
- 1 orta boy beyaz soğan, doğranmış
- 1 çay kaşığı karabiber
- 1-½ çay kaşığı Dijon hardalı
- 1-½ çay kaşığı Worcestershire sosu
- 1 çay kaşığı kurutulmuş kekik
- ¼ çay kaşığı öğütülmüş kimyon
- 1 çay kaşığı malagueta biberi
- ½ su bardağı elma sirkesi
- 4 kilo domuz kaburga
- Bitkisel yağ, sadece fırçalamak için

TALİMATLAR:

a) Tuz, sarımsak, soğan, karabiber ve yedek kaburga hariç diğer malzemeleri karıştırın. 350 derece F'de fırınınızı önceden ısıtın.

b) Baharatlı kaburgaları bir fırın tepsisine yerleştirin ve üstüne turşuyu gezdirin. İyice ovalayın, örtün ve 1 saat marine edin.

c) Tavayı bir folyo tabakasıyla örtün ve bir saat 50 dakika pişirin. Fırın sıcaklığını 425 derece F'ye yükseltin ve fırınınızı önceden ısıtın.

ç) Kapağını açın ve 25 dakika kızartın. Sıcak servis yapın.

68.Pastırma ve Collard Yeşilleri

İÇİNDEKİLER:
- 2 demet karalahana
- 6 şerit füme pastırma, doğranmış
- 4 diş sarımsak, kıyılmış
- Tatmak için tuz ve karabiber
- 1 çay kaşığı tavuk bulyon tozu

TALİMATLAR:
a) Karalahana yeşilliklerini altı bardak kaynar suda üç dakika haşlayın, sonra süzün.
b) Pastırmayı uygun bir tavada yedi dakika soteleyin. Sarımsakları karıştırın ve neredeyse 30 saniye soteleyin.
c) Karalahanayı, karabiberi, tuzu ve bulyon tozunu ekleyin.
ç) Üç dakika pişirin. Sıcak servis yapın.

69.Jambonlu ve Peynirli Fırında Pilav

İÇİNDEKİLER:

- 2 büyük yumurta sarısı
- 2½ bardak ağır krem şanti
- ½ küçük soğan, doğranmış
- 1 su bardağı havuç, rendelenmiş
- 1 su bardağı taze maydanoz, doğranmış
- 1 çay kaşığı tuz
- 1 tutam karabiber
- 8 oz. mozzarella peyniri, rendelenmiş
- 8 oz. doğranmış şarküteri jambonu
- 2 su bardağı pişmiş beyaz pirinç
- 1 su bardağı parmesan peyniri, rendelenmiş

TALİMATLAR:

a) 350 derece F'de fırınınızı önceden ısıtın.
b) Uygun bir fırın tepsisini tereyağıyla yağlayın ve ardından un serpin. Bir kapta sarıları kremayla karıştırın.
c) 1 su bardağı maydanoz, havuç ve soğanı karıştırın.
ç) İyice karıştırdıktan sonra bu karışımı fırın tepsisine yayın.
d) Üzerine Parmesan serpin ve 30 dakika pişirin.
e) Maydanozla süsleyin. Sıcak servis yapın.

70.Tavuk güveç

İÇİNDEKİLER:
TAVUK DOLGU
- 2 yemek kaşığı zeytinyağı
- 2 orta boy soğan, doğranmış
- 2 diş sarımsak, kıyılmış
- 2 domates, doğranmış
- 2 kilo tavuk göğsü, pişmiş ve doğranmış
- ½ su bardağı doğranmış yeşil zeytin
- 1 bardak mısır
- 1 su bardağı yeşil bezelye
- 1 su bardağı palmiye kalbi, doğranmış
- 1 su bardağı domates sosu
- Birkaç dilim acı sos
- 2 su bardağı tavuk suyu
- 1 yemek kaşığı un ⅓ su bardağı sütle karıştırılmış
- ½ su bardağı kıyılmış maydanoz
- Tatmak için tuz ve karabiber

KABUK
- 5 su bardağı un
- 1 çay kaşığı tuz
- 3 yumurta sarısı
- ½ su bardağı soğuk su
- 3 çubuk tereyağı (12 oz.), daha küçük parçalar halinde kesilmiş
- Üzerine sürmek için çırpılmış 1 yumurta sarısı

TALİMATLAR:
a) Soğanları ve sarımsakları derin bir tavada yağla iki dakika soteleyin. Domatesleri ekleyip beş dakika pişirin. Mısır, bezelye ve diğer dolgu malzemelerini karıştırın ve 10 dakika pişirin. İyice karıştırıp bir kenarda bekletin.

b) Unu ve diğer hamur malzemelerini bir kapta karıştırın. Hazırlanan hamuru yoğurun, üzerini örtün ve 20 dakika bekletin. 350 derece F'de fırınınızı önceden ısıtın.

c) Bu hamurun ⅔'ünü alıp 12 inçlik yuvarlaklara yayın. Dokuz inçlik bir tavaya yerleştirin ve duvarlara doğru bastırın.

ç) Kabuğun üzerine birkaç delik açın ve hazırlanan dolguyu üzerine ekleyin. Kalan hamuru dokuz inçlik bir daireye yuvarlayın ve dolgunun üzerine yerleştirin. Üstüne bir haç kesin ve üzerine yumurta sarısı sürün.

d) Fırında 35 dakika pişirin. Dilimleyip sıcak olarak servis yapın.

TATLILAR

71.Kolombiyalı Noel Muhallebi

İÇİNDEKİLER:
- 8 oz. panela veya benzeri şeker kamışı şurubu
- 4 bardak tam yağlı süt
- 3 karanfil
- 4 tarçın çubuğu
- ½ çay kaşığı karbonat
- ½ çay kaşığı tuz
- ¾ bardak mısır nişastası
- 2 yemek kaşığı tereyağı
- 1 su bardağı kıyılmış hindistan cevizi
- 1 çay kaşığı vanilya
- ¾ su bardağı kıyılmış fındık

TALİMATLAR:

a) Uygun bir kapta mısır nişastasını ve suyu birleştirin. Mısır nişastası tamamen karışana ve karışım pürüzsüz hale gelinceye kadar bir bardak sütü (veya gerekirse daha fazlasını) yavaşça çırpın.
b) Ağır bir tencereyi yarısına kadar sütle doldurun. Mısır nişastasının ilk başta farkedilebilen bir tadı vardır, ancak natilla uygun şekilde pişirildiğinde kaybolur. Mısır nişastası eklenmelidir . Panelayı rendeleyin ve sütle karıştırın.
c) Kabartma tozu, tarçın çubukları ve tuzu bir karıştırma kabında birleştirin. Malzemeleri iyice birleştirmek için bunları birlikte çırpın. Kabartma tozu eklenmelidir .
ç) Süt-şeker karışımını orta-düşük ateşte sürekli karıştırarak kaynatın. Karanfilleri ve tarçın çubuklarını çıkarın. Şekerli süt karışımını kaynatın.
d) Süt-mısır nişastası karışımı kalınlaşmaya başlayıncaya kadar düzenli olarak karıştırarak pişirmeye devam edin. Kullanıyorsanız hindistan cevizini karıştırın. Başka bir uygun kapta süt ve mısır nişastasını birlikte çırpın. 10 ila 12 dakika veya karışım koyulaşana kadar pişirin. Mısır nişastasının topaklaşmasını ve karışımın yanmasını önlemek için düzenli olarak karıştırın. Karışımı kaynatın.
e) Tercihe göre ocaktan alın ve kuru üzüm ve/veya fındık ekleyin. Tereyağı ve vanilya özütünü bir karıştırma kabında birleştirin. Kuru üzüm ve fındıkları ekleyip karıştırın. Hazırlanmış sekiz inçlik kare bir cam tavayı veya yağlanmış herhangi bir pişirme kabını karışımla doldurun. Karışım katılaşana kadar buzdolabında saklayın.
f) Tavayı yarıya kadar karışımla doldurun. Natillanın üzerine bolca pudra şekeri serpin . Servis yapmak için üç inçlik dikdörtgen parçalar halinde kesin.

72.Kolombiyalı Pound Kek

İÇİNDEKİLER:
- 2 su bardağı tuzsuz tereyağı, yumuşatılmış
- 1 ½ su bardağı şeker
- 9 yumurta, ayrılmış
- 2 yemek kaşığı brendi
- 1 çay kaşığı vanilya
- 4 ½ bardak kek unu, elenmiş
- ½ çay kaşığı tuz

TALİMATLAR:
a) Fırını önceden 325 Fahrenheit dereceye ısıtın. Tereyağını hafif ve kabarık olana kadar çırpın, ardından yavaş yavaş şekeri ekleyin, karışım hafif ve kabarık olana kadar sürekli çırpın.
b) Yumurta sarılarını teker teker ekleyerek orta-yüksek hızda çırpmaya devam edin.
c) Brendi ve vanilya özünü iyice karıştırın. Yumurta karışımına tuz ve unu ekleyip iyice karıştırın.
ç) Yumurta akı sert ve kuru olmalıdır. Plastik bir spatula ile beyazları katlayın. 10 inçlik bir kek kalıbını tereyağıyla yağlayın.
d) Hazırlanan tereyağlı tavanın altına parşömen kağıdı yerleştirin ve bastırın, ardından kağıdı tavanın iç kısmına gelecek şekilde çevirin.
e) Karışımı tavaya dökün ve eşit şekilde dağılmasını sağlamak için tezgaha vurun. Bir saat kadar veya kek yanlardan çekilinceye ve ortasına batırılan bıçak temiz çıkana kadar pişirin.
f) Bir raf üzerinde soğumaya izin verin.

73.Kolombiyalı Tereyağlı ve Şekerli Kurabiyeler (Polvorosas)

İÇİNDEKİLER:

- 1 ½ su bardağı tuzsuz tereyağı
- ½ bardak) şeker
- 2 fincan çok amaçlı un
- ½ su bardağı pudra şekeri
- ½ çay kaşığı vanilya özü

TALİMATLAR:

a) Fırını önceden 350 Fahrenheit dereceye ısıtın. Tereyağını berraklaştırmak için: Uygun bir tencerede tuzsuz tereyağını kısık ateşte tamamen eriyene kadar eritin. Köpük erimiş tereyağının yüzeyine çıkana kadar pişmeye bırakın.

b) Tavayı ocaktan aldıktan sonra beş dakika soğumaya bırakın. Üstteki köpüğü çıkarın ve atın.

c) İnce gözenekli bir elek kullanarak bir kaseye dökün. Yaklaşık 3 dakika boyunca tereyağını elektrikli bir karıştırıcı kullanarak çırpın. Tamamen birleşene kadar şekeri ve vanilyayı çırpın.

ç) Unu ekledikten sonra iki dakika daha çırpmaya devam edin. Hamurdan bir top oluşturun. Plastikle sardıktan sonra 30 dakika buzdolabında saklayın. 2 çay kaşığı hamurdan avuçlarınız arasında toplar yapın. Topları uygun bir yağlanmış fırın tepsisine ½ inç aralıklarla yerleştirin.

d) Ellerinizi kullanarak topları düzleştirin. Kurabiyeleri yaklaşık 20 dakika veya üstleri kahverengi olana kadar pişirin.

e) Fırın tepsisinde beş dakika soğumaya bırakın. Kurabiyelerin üzerine pudra şekeri serpilmelidir.

74. Kolombiyalı Merengón

İÇİNDEKİLER:
KREMALI KURABİYELER
- 4 büyük yumurta akı oda sıcaklığında
- ½ çay kaşığı tartar kreması
- ⅛ çay kaşığı tuz
- 1 su bardağı toz şeker
- 1 çay kaşığı vanilya özü

MERENGON
- 3 su bardağı krem şanti
- 3 su bardağı dilediğiniz meyve

TALİMATLAR:
a) 250 derece F'de fırınınızı önceden ısıtın. Uygun bir fırın tepsisini parşömen kağıdıyla örtün ve bir fincan veya küçük kase kullanarak parşömen kağıdının üzerine orta büyüklükte daireler (iki-üç inç, yaklaşık beş-yedi buçuk cm çapında) çizin. Beze karışımını tüm malzemeleri bir kapta karıştırarak hazırlayın, ardından sıkma torbasına aktarın.

b) Parşömen kağıdını kurabiye kağıdına sabitlemek için her köşenin alt tarafına az miktarda beze sürün. Bezeleri kek benzeri bir şekle dönüştürmek için çizilen her daireyi karışımla doldurun.

c) 212 derece F'de fırınınızı önceden ısıtın ve bir saat pişirin. Daha sonra fırınınızı kapatın ve bezelerin kuruyup soğuması için kapısını birkaç saat açık bırakın. (Bezelerin çıtır çıtır olmasını istiyorsanız kapağını açmadan fırında kurumasını bekleyin.)

ç) tutulabilecek kadar soğuduklarında, bezelerden birinin üstünü ufalayın, içini çırpılmış kremayla doldurun ve üstüne en sevdiğiniz meyveyi ekleyin. İki katlı bir merengón yapmak istiyorsanız, süslenmiş olanın üzerine başka bir beze ufalayın, içini krem şanti ile doldurun ve üzerine daha fazla meyve ekleyin.

75.Hindistan Cevizi Şekeri (Cocadas Blancas)

İÇİNDEKİLER:

- 2 ½ bardak hindistan cevizi, kıyılmış
- ¾ bardak şeker
- 1 ½ su bardağı hindistan cevizi suyu
- ¼ fincan tam yağlı süt
- Bir tutam tarçın tozu

TALİMATLAR : s

a) Bir tencerede tüm malzemeleri birleştirin. Kaynayana kadar pişirin, ardından kısık ateşte pişirin.
b) Kapağını açmadan 30 dakika veya koyulaşana kadar kaynamaya bırakın.
c) Hindistan cevizi karışımının tencerenin dibine yapışmasını önlemek için tahta kaşıkla sık sık karıştırın.
ç) İki kaşık kullanarak, hamurdan küçük porsiyonları parşömen kaplı fırın tepsilerine, aralarında iki inç boşluk kalacak şekilde koyun.
d) İki haftaya kadar bunları hava geçirmez bir kapta saklayın.

76.elmalı kek

İÇİNDEKİLER:
KEK HAMURU
- 2 fincan çok amaçlı un
- ¾ su bardağı beyaz şeker
- 2 çay kaşığı kabartma tozu
- 1 çizgi tuz
- 1 yemek kaşığı kısaltma, eritilmiş
- 3 yemek kaşığı tuzsuz tereyağı, eritilmiş
- 1 büyük yumurta
- 1 bardak ağır krema
- 1 yemek kaşığı vanilya özü
- 3 orta boy fırında pişirilen turta elması, çekirdekleri çıkarılmış ve ⅛ dilimler halinde kesilmiş

STRESEL TEPSİ
- ¼ bardak çok amaçlı un
- 2 yemek kaşığı şeker
- ½ çay kaşığı öğütülmüş tarçın
- 1-½ yemek kaşığı soğuk tuzsuz tereyağı, parçalar halinde kesilmiş
- ½ yemek kaşığı ağır krem şanti
- 1 çay kaşığı saf vanilya özü

GARNİTÜR
- ⅓ bardak karamel sosu

TALİMATLAR:
a) 350 derece F'de fırınınızı önceden ısıtın. Uygun bir sekiz x sekiz inçlik fırın tepsisini pişirme spreyi ile yağlayın.

b) Streusel sos malzemelerini bir kasede karıştırın.

c) Kek tarifinin tüm malzemelerini bir kapta pürüzsüz hale gelinceye kadar karıştırın. Kek hamurunu fırın tepsisine yayın ve üzerine elma dilimleri ve streusel sosunu ekleyin.

ç) Bu keki fırında 40 dakika pişirin. Pastayı soğumaya bırakın ve dilimleyerek servis yapın.

77.Avokado Mus

İÇİNDEKİLER:

- 1 14 oz şekerli yoğunlaştırılmış süt
- 4 küçük avokado, soyulmuş ve çekirdeği çıkarılmış
- 2 limonun suyu sıkılmış
- 2 yemek kaşığı toz şeker
- 1 yemek kaşığı kıyılmış fıstık

TALİMATLAR:

a) Süt, avokado, limon suyu ve şekeri bir karıştırıcıda pürüzsüz hale gelinceye kadar karıştırın.
b) Dört parçaya bölün ve buzdolabında iki saat bekletin.
c) Antep fıstığıyla süsleyip servis yapın.

78. Torta De Tres Leches

İÇİNDEKİLER:
KEK
- 1 fincan çok amaçlı un
- 1 ½ çay kaşığı kabartma tozu
- ¼ çay kaşığı tuz
- 5 büyük yumurta ayrılmış
- 1 su bardağı bölünmüş toz şeker
- 1 çay kaşığı vanilya özü
- ⅓ bardak tam yağlı süt
- 1 kutu (12 oz.) buharlaştırılmış süt
- 1 kutu (14 oz.) şekerli yoğunlaştırılmış süt
- ¼ bardak ağır krema

DONDURULMUŞ KREM ŞANTİ
- 1 ¾ bardak ağır krema
- 1 çay kaşığı vanilya özü
- 2 ½ yemek kaşığı şeker

TALİMATLAR:
a) 350 derece F'de fırınınızı önceden ısıtın. Uygun bir dokuz x 13 inçlik fırın tepsisini parşömen kağıdıyla kaplayın ve tavanın her iki tarafında kapaklar bırakın.

b) Parşömeninizi pişirme spreyi ile yağlayın. Kabartma tozu, un ve tuzu uygun bir kapta karıştırın. Yumurta sarılarını yarım su bardağı şekerle yüksek devirde mikserle açık sarı olana kadar çırpın.

c) Vanilya ve sütü ekleyin. Hazırladığınız yumurta sarısı karışımını unlu karışımın üzerine dökün ve birleşene kadar iyice karıştırın. Yumurta aklarını ayrı ayrı mikserde yüksek devirde yumuşak tepecikler oluşana kadar çırpın. Geri kalan ¼ su bardağı şekeri ekleyip beyazlar sertleşinceye kadar çırpın. Yumurta beyazını hazırlanan hamurun içine katlayın. Hazırlanan hamuru tavaya dökün.

ç) Kek hamurunu yaklaşık 45 dakika pişirin. Pişen keki bir fırın tepsisinde soğutun, ardından pastayı kenarlı bir tabağa çevirin.

d) Bu arada buharlaştırılmış sütü, yoğunlaştırılmış sütü ve kremayı bir kasede karıştırın. Sütlü karışımın tamamını yavaş yavaş kekin üzerine dökün. Pastayı en az 30 dakika bekletin.

e) Pastayı dondurmak için bir buçuk su bardağı kremayı iki buçuk yemek kaşığı şeker ve bir çay kaşığı vanilyayla koyulaşana kadar çırpın .

f) Krem şantiyi kekin yüzeyine yayın. kareler halinde kesin ve servis yapın.

79.Kolombiya Rozetleri

İÇİNDEKİLER:
KURABİYE
- 2 yumurta
- 1 yemek kaşığı toz şeker
- Bir tutam tuz
- 1 ¼ bardak çok amaçlı un
- 1 bardak tam yağlı süt
- 1 çay kaşığı vanilya özü
- Tadına göre turuncu gıda boyası

TATLI KREMA
- 1 ½ su bardağı çok amaçlı un
- 2 ¼ bardak su
- 1 çay kaşığı vanilya özü
- Tadına göre turuncu gıda boyası
- 1 su bardağı beyaz toz şeker
- 2 yemek kaşığı eritilmiş tereyağı
- Kızartmalık yağ
- Şekerli yoğunlaştırılmış süt

TALİMATLAR:
a) Uygun bir kapta iki yumurtayı şeker ve tuzla çırpın. Geri kalan kurabiye malzemelerini topak topaklaşana kadar karıştırın. Bu kurabiye hamurunu plastik ambalajla örtün ve gece boyunca buzdolabında saklayın. Tatlı krema için uygun bir kapta unu dörtte bir bardak suyla karıştırın. Vanilya ekstraktını ve gıda boyasını ekleyip karıştırın.

b) Şimdi bir bardak suyu kaynatın ve ardından şekeri ekleyip karıştırın. Isısını orta-düşük ısıya düşürün ve iyice karıştırın. Tatlı kremalı un karışımını yavaş yavaş ekleyin ve kalın ve pürüzsüz bir krema elde edene kadar iyice karıştırın. Ateşten alın ve ardından tamamen soğumasını bekleyin.

c) Yemeklik yağı derin bir tavada 350 derinliğe kadar önceden ısıtın. Rozet demirinizi yaklaşık 30 saniye boyunca sıcak yağa batırın, ardından kurabiye hamuruna batırın. Şimdi rozet demirini hamurla birlikte tekrar yağa batırın ve yaklaşık 30 saniye bekletin.

ç) Her kurabiyeyi yaklaşık iki dakika kızartın, yağını kağıt havluların üzerine ters çevirerek boşaltın ve kurabiyeyi tamamen soğumaya bırakın.
d) Aynı şekilde daha fazla kurabiye pişirin.
e) Her kurabiyenin üzerine tatlı krema ve yoğunlaştırılmış süt ekleyin. Son olarak servis yapın.

80.Guava Ezmesi Doldurulmuş Ekmek

İÇİNDEKİLER:
- 2 ¼ çay kaşığı maya
- 7 oz. 4 yemek kaşığı ılık su
- 4 su bardağı çok amaçlı un
- 1 çay kaşığı tuz
- ½ su bardağı şeker artı
- ½ su bardağı tuzsuz tereyağı, eritilmiş
- 1 yemek kaşığı vanilya özü
- 2 büyük yumurta

SIR
- 1 çırpılmış yumurta
- 2 yemek kaşığı eritilmiş tereyağı
- 2 su bardağı doğranmış veya dilimlenmiş guava ezmesi

TALİMATLAR:
a) Küçük bir karıştırma kabına dört yemek kaşığı ılık su dökün. Su ılık olmalı ama parmaklarınızı içine sokmaya doyamayacağınız derecede olmamalıdır . Yarım yemek kaşığı şeker ve mayayı karıştırarak eritin.

b) Mayanın büyümeye başlaması için on dakika bekleyin. Un, tuz, kalan şeker, su ve maya karışımını iyi bir karıştırma kabında karıştırmaya başlayın. Bunu elinizle yapmak en iyisidir çünkü hamurun kıvamını daha iyi anlayacaksınız.

c) Tereyağı, vanilya ve yumurtaları bir karıştırma kabında birleştirin. İyice karıştırın. Temiz, kuru ve düz bir yüzeyde hamuru yoğurun.

ç) Çalışma yüzeyine bir avuç un serpin, ardından hamuru üstüne koyun ve yoğurmaya başlayın. Gerekirse hamurun ellerinize veya yüzeye yapışmasını önlemek için biraz un ekleyin. Hamuru pürüzsüz hale gelinceye kadar yoğurun. Bu 10 dakika kadar sürebilir. Oldukça uyarlanabilir olacak . Çok kuru olmamalı ama esneyebilmeli ve yırtılmadan esnemeli.

d) Hafifçe yağlanmış bir kaseye aktardıktan ve kaplamak için bir kez çevirdikten sonra plastik ambalajla örtün.

e) Hazırlanan hamuru ılık bir ortamda yaklaşık iki saat veya hacmi iki katına çıkana kadar mayalanmaya bırakın. Her bir bileşeni uzun, ipeksi bir ip haline getirin. Daha sonra her bir hamur parçasını merdane yardımıyla uzun dikdörtgen şeklinde açın. Guava ezmesini her dikdörtgenin ortasına yerleştirin ve hamuru jöleli rulo halinde yuvarlayın .

f) İki uç ucunu birleştirerek bir halka oluşturun. Daha sonra aynı işlemi diğer dikdörtgenle de yapın. Halkaları, parşömen kağıdıyla kaplı uygun bir fırın tepsisine, dikiş tarafı aşağı bakacak şekilde yerleştirin.

g) Üzerini kapatıp sıcak bir yerde mayalanması için 20-30 dakika bekletin. Hamuru dış kenarından yarım santim aralıklarla makasla kesin. Fırını önceden 400 Fahrenheit dereceye ısıtın. Çırpılmış yumurtayı ve eritilmiş tereyağını halkaların üst kısımlarına sürün.

ğ) Yaklaşık 20 dakika veya üstü altın rengi kahverengi olana ve halkalar tamamen bitene kadar pişirin.

81.Mısır unlu kek

İÇİNDEKİLER:

- 1 çay kaşığı tereyağı
- 1 fincan çok amaçlı un
- 1 su bardağı mısır unu
- 1 yemek kaşığı kabartma tozu
- ¼ çay kaşığı tuz
- 1 su bardağı şeker
- 2 yumurta
- ½ su bardağı bitkisel yağ
- 1 bardak tam yağlı süt

TALİMATLAR:

a) 350 derece F'de fırınınızı önceden ısıtın. Bundt kekini tereyağıyla yağlayın.
b) Unu diğer kek malzemeleriyle birlikte mikserde karıştırın.
c) Bu karışımı tavaya yayıp 10 dakika kadar pişirin. Soğumaya bırakın, dilimleyin ve servis yapın.

82.Kolombiya Usulü Sütlaç (Postre De Natas)

İÇİNDEKİLER:

- 1 galon tam yağlı süt
- Gerekirse 2 su bardağı veya daha fazla şeker
- 4 yumurta sarısı
- Kuru üzüm, tadı
- Rum, tadı

TALİMATLAR:

a) Sütün tamamını bir tencerede orta ateşte kaynatın, ardından ocaktan alın ve birkaç saniye bir kenara bırakın.

b) Üzerinde oluşan kremayı çatal yardımıyla çıkarın ve bir kavanozda saklayın. Oluşacak krema veya nata kalmayıncaya kadar tekrarlayın. Küçük bir tencerede şeker ve kalan sütten bir su bardağı ile şerbeti hazırlayın.

c) Elektrikli bir karıştırıcı kullanarak sarıları soluklaşana kadar çırpın, ardından şuruba ekleyin ve iyice birleşene kadar karıştırın. Kuru üzümleri, romu ve kremayı bir karıştırma kabında (Natas) birleştirin.

ç) Her şeyi yavaşça karıştırdıktan sonra, karıştırmadan neredeyse 10 dakika kaynamaya bırakın. Ayrı servis tabaklarına aktarmadan önce buzdolabında soğumaya bırakın.

83.Hindistan cevizli Kek

İÇİNDEKİLER:
KEK
- 1 ½ çubuk tereyağı, yumuşatılmış
- 2 su bardağı şeker
- 4 yumurta, sarısı ve yumurtalar ayrılmış
- 1 çay kaşığı vanilya özü
- 2 ½ su bardağı çok amaçlı un
- ½ bardak tam yağlı süt
- 1 (13,5 oz.) kutu hindistan cevizi sütü
- 1 yemek kaşığı kabartma tozu
- 1 tutam tuz

SOS
- 1 (13 ½ oz.) kutu hindistan cevizi sütü
- 2 su bardağı hindistan cevizi gevreği
- 1 (14 oz.) kutu yoğunlaştırılmış süt

TALİMATLAR:
a) 350 derece F'de fırınınızı önceden ısıtın. Uygun bir dokuz inçlik kek kalıbını pişirme kağıdıyla yağlayın.
b) Pişirme spreyi ile yağlayın ve üzerine un serpin.
c) Yumurta aklarını uygun bir kapta köpürene kadar çırpın ve bir kenarda bekletin. Yumurta sarısını, şekeri ve tereyağını stand mikserinin kasesinde çırpın.
ç) Beş dakika çırpın. Vanilyayı ekleyip iyice karıştırın. Kek malzemelerinin geri kalanını ekleyip pürüzsüz hale gelinceye kadar karıştırın. Yumurta aklarını katlayın, eşit şekilde karıştırın ve ardından fırın tepsisine yayın. Pastayı 60 dakika pişirin.
d) Pastayı soğumaya bırakın. Hindistan cevizi sütünü, yoğunlaştırılmış sütü ve hindistancevizi pullarını bir tavada karıştırın ve koyulaşana kadar pişirin. Glazürü kekin üzerine dökün. Dilimleyip servis yapın.

84.Kolombiyalı Bunuelos

İÇİNDEKİLER:
- 2 bardak Kolombiya (peynir) quesito, rendelenmiş
- ⅓ bardak manyok unu
- ¼ bardak mısır nişastası
- 2 yemek kaşığı şeker
- ¼ çay kaşığı tuz
- 1 yemek kaşığı kabartma tozu
- 1 büyük yumurta
- 1-2 yemek kaşığı süt
- Kızartmak için bitkisel yağ

TALİMATLAR:
a) Peyniri mikro düzlemle rendeleyin ve bir kaseye koyun. Mısır nişastasını, manyok unu, şekeri, tuzu ve kabartma tozunu uygun bir karıştırma kabında birleştirin. Harmanlamak için her şeyi birlikte karıştırın.

b) Ellerinizle yumurtayı kuru malzemelere ekleyin. Her seferinde bir çorba kaşığı süt ekleyin ve pürüzsüz bir hamur elde edene kadar karıştırın. Hamurdan birer yemek kaşığı büyüklüğünde bezeler yapın. Her Bunuelo'yu oluklu bir kaşık veya örümcekle (Önceden 325 derece F'ye ısıtılmış) ısıtılmış yağa yavaşça yerleştirin. 30 saniye içinde yüzeye çıkacaklar.

c) Derin altın kahverengi bir renge dönüştüklerinde süzülmeye hazırdırlar. Kağıt havlularla kaplı bir tabakta soğumaları için 10 dakika bekleyin.

85. Kolombiyalı Pandispanya (Bizcochuelo)

İÇİNDEKİLER:

- 5 büyük yumurta, akı ve sarısı ayrılmış
- 1 ½ su bardağı toz şeker
- ½ su bardağı portakal suyu
- ½ çay kaşığı vanilya özü
- 1 ½ su bardağı elenmiş un
- 1 ½ bardak mısır nişastası veya elenmiş mısır
- 2 çay kaşığı kabartma tozu
- 2 yemek kaşığı eritilmiş tereyağı

TALİMATLAR:

a) 350 derece F'de fırınınızı önceden ısıtın. Uygun bir sekiz inçlik yuvarlak kek kalıbını parşömen kağıdıyla kaplayın veya unlamadan önce tavayı hafifçe tereyağıyla yağlayın. Yumurta aklarına şekerin yarısı eklenmeli, sert ve parlak olmalıdır.

b) 5 yumurta sarısını geri kalan şekerle birlikte uygun bir kapta koyu ve açık sarı olana kadar çırpın. Portakal suyunu ve vanilya özünü dökün. Malzemeleri birleştirmek için bunları birlikte çırpın.

c) Elenmiş un ve mısır nişastasını pürüzsüz hale gelinceye kadar çırpın. Yumurta beyazları hamura eklenmeli ve dikkatlice yumurta sarısı karışımına katlanmalıdır.

ç) Yumurta aklarının ikinci üçte birini, artık yumurta akı görünmeyene kadar katlayın. Son yumurta akı ilavesiyle tekrarlayın. Tereyağını katlayın ve iyice karıştırın.

d) Hazırlanan kek kalıbına kek hamurunu döktükten sonra yaklaşık 30 dakika kadar pişirin. Ortalarına küçük bir şiş veya kürdan sokun. Tel ızgara üzerinde pastayı tamamen soğutun.

e) Pastayı çıkarmak için, kalıbın iç kısmından bir bıçak gezdirerek gevşetin.

86.Kolombiyalı Dulce De Leche Böreği

İÇİNDEKİLER:
- 1 yaprak dondurulmuş puf böreği çözülmüş

DOLGU (PASTA KREMASI)
- 1 ½ su bardağı süt
- ½ bardak) şeker
- Tutam tuzu
- 1 çay kaşığı vanilya özü
- 3 yemek kaşığı mısır nişastası
- 3 yumurta sarısı çırpılmış
- 1 yemek kaşığı tereyağı
- 1 bardak arequipe veya dulce de leche

TALİMATLAR:
a) 400 derece F'de fırınınızı önceden ısıtın. Parşömen kağıdıyla kaplı 2. kat fırın tepsisi. Katlama işaretleri boyunca hamuru üç şerit halinde kesin. Fırın tepsisine yerleştirin ve her bir hamur parçasına çatal yardımıyla birkaç delik açın.

b) Yaklaşık 15 dakika veya altın rengi kahverengi olana kadar pişirin. Kurabiyeleri fırın tepsisinden çıkarın ve tel ızgara üzerinde soğumaya bırakın. Sütü uygun bir tencerede kısık ateşte ısıtın.

c) Bu arada şekeri, mısır nişastasını ve tuzu küçük bir kasede birleştirin. Mısır nişastası karışımını yavaş yavaş sütle karıştırın ve 6 dakika veya koyulaşana kadar pişirin. Sarılarını ekledikten sonra sürekli karıştırarak neredeyse iki dakika pişirin. Tavayı ocaktan alıp tereyağını ve vanilya özünü ekleyip karıştırın.

ç) Oda sıcaklığında soğumaya bırakın. Her bir hamuru çatal yardımıyla iki kata ayırın. Bir pasta katı pasta kremasıyla kaplanmalıdır. Katmanlar tekrarlanmalıdır.

d) Yanında arequipe veya dulce de leche ile servis yapın.

87.Kolombiyalı Çikolata Parçası ve Muzlu Kekler

İÇİNDEKİLER:

- 8 yemek kaşığı eritilmiş tuzsuz tereyağı
- 2 fincan çok amaçlı un
- ⅔ su bardağı toz şeker
- 1 yemek kaşığı kabartma tozu
- ½ çay kaşığı karbonat
- ⅓ fincan elenmiş şekersiz kakao tozu
- ¼ çay kaşığı tuz
- 2 su bardağı ezilmiş muz
- 1 büyük yumurta
- ½ bardak tam yağlı süt
- 1 çay kaşığı vanilya özü
- 115 gram. Kolombiyalı acı tatlı çikolata iri kıyılmış

TALİMATLAR:

a) 350 derece F'de fırınınızı önceden ısıtın. Normal büyüklükte bir muffin tepsisine, tereyağını veya sprey muffin kaplarını koyun. Bir fırın tepsisine muffin tepsisini yerleştirin.

b) Un, şeker, kabartma tozu, kabartma tozu, kakao ve tuzu uygun bir karıştırma kabında birleştirin. Kaynayan su dolu bir tencerenin üzerine yerleştirilmiş bir tabakta tereyağını ve doğranmış çikolatanın yarısını eritin. Isıyı kapatın. Ezilmiş muz, yumurta, eritilmiş tereyağı karışımı ve sütü ayrı bir karıştırma kabında birleştirin.

c) Sıvı bileşenleri kuru malzemelerin üzerine dökün ve kauçuk bir spatula kullanarak birleştirmek için yavaşça çırpın. Hamurun çok fazla karıştırılmaması gerekiyor . Ayrı bir kapta kalan doğranmış çikolatayı birleştirin. Her muffin kabını yaklaşık dörtte üçünü hamurla doldurun.

ç) Muffinleri yaklaşık 25 dakika veya ortasına batırdığınız bıçak temiz çıkana kadar pişirin.

d) Soğutma rafındaki tavada 10 dakika soğutun. Muffin tepsilerini fırından çıkarın.

88.Kolombiyalı Çilekli Beze

İÇİNDEKİLER:
MERENGÓN
- 5 büyük yumurta akı
- 1 ½ su bardağı toz şeker
- ½ yemek kaşığı limon suyu
- ¼ çay kaşığı vanilya özü

ÇİLEK DOLGU
- 3 su bardağı taze çilek, dilimlenmiş
- ¼ bardak şeker
- 1 bardak ağır krema
- 1 çay kaşığı vanilya özü
- 2 yemek kaşığı pudra şekeri

TALİMATLAR:
a) 250 derece F'de fırınınızı ortada bir raf olacak şekilde önceden ısıtın. Parşömen kağıdıyla kaplı iki küçük veya bir büyük fırın tepsisini bir kenara koyun.

b) Uygun bir karıştırma kabında yumurta aklarını elektrikli mikserle yumuşak tepecikler oluşuncaya kadar çırpın. Hızı en yükseğe çıkarın ve sert zirveler oluşana kadar her seferinde yaklaşık 3 yemek kaşığı toz şekeri yavaş yavaş ekleyin. Beyazlar katı olmalı ancak kuru olmamalıdır.

c) Zaman zaman kasenin kenarını kazıyın. Bezenin yarısı hazırlanan fırın tepsisine kaşıkla sürülmeli ve tabanın çok ince olmamasına dikkat edilerek bir spatula ile düzleştirilmelidir. Kalan bezeyi ayrı bir fırın tepsisine yerleştirin. Bezeyi yaklaşık iki saat veya çıtır çıtır olana kadar yapın.

ç) Fırını kapatın ve bezenin kapısı aralık olacak şekilde fırında 2-4 saat veya tamamen soğuyuncaya kadar bekletin. Hala sıcakken fırından çıkarmayın.

d) Doldurmayı hazırlamak için aşağıdaki malzemeleri bir karıştırma kabında birleştirin. Beze bitene kadar çilekleri toz şekerle birlikte bir kapta yumuşatmaya bırakın. Vanilyayı, kremayı ve pudra şekerini sertleşip köpürene kadar çırpın.

e) Çırpılmış kremayı bir spatula ile bezenin üzerine yayın, ardından çilekleri ve ikinci bezeyi ekleyin.

f) Üzerine bir kat daha krema ve kalan çilekleri ekleyin.

89.Manyok Kek

İÇİNDEKİLER:

- 1 ½ lbs. manyok soyulmuş ve rendelenmiş
- 1 ½ su bardağı rendelenmiş peynir
- 1 yemek kaşığı eritilmiş tereyağı
- 1 su bardağı şeker
- 2 çay kaşığı anason tohumu bütün
- 1 bardak hindistan cevizi sütü

TALİMATLAR:

a) 400 derece F'de fırınınızı önceden ısıtın.
b) Manyok ve peyniri bir karıştırma kabında birleştirin. Karıştırmaya devam ederken eritilmiş tereyağını ve şekeri ekleyin.
c) Hindistan cevizi sütünü iyice karıştırın. Anason tohumlarını hamur yumuşak ve eşit hale gelinceye kadar karıştırın, aromayı serbest bırakmak için avuçlarınız arasında ovalayın.
ç) Yağlanmış bir pişirme kabını formla doldurun.
d) Yaklaşık 50 dakika veya kahverengi ve sert oluncaya kadar pişirin.

90.çikolata kremalı turta

İÇİNDEKİLER:
KABUK
- 30 kare ballı graham kraker
- 1 ½ çubuk tereyağı, yumuşatılmış
- 12 adet çikolata kaplı sindirim kurabiyesi

KREMA DOLGU
- 3 yumurta sarısı
- 1 (14 oz) kutu yoğunlaştırılmış süt
- 1 bardak tam yağlı süt
- 1 (¼oz) paket aromasız jelatin
- ½ su bardağı soğuk su
- 1 ½ bardak ağır krema
- Çikolata ganache
- 1 (12oz) torba tatlı çikolata parçacıkları
- 1 bardak ağır krema

TALİMATLAR:
a) Graham krakerlerini bir mutfak robotunda tereyağıyla karıştırın ve pişirme spreyi ile yağlanmış 9 inçlik yaylı bir tavaya yayın.

b) Bu kabuğu bir saat boyunca örtün ve soğutun. Uygun bir tencerede yumurta sarısını süt ve şekerli yoğunlaştırılmış sütle çırpın ve kaynatın. Isıyı azaltın ve koyulaşana kadar 10 dakika pişirin.

c) Jelatini ve soğuk suyu bir kapta karıştırın ve mikrodalgada beş saniye ısıtın. Bu jelatin karışımını kremalı karışıma ekleyin ve karışım koyulaşana kadar pişirin.

ç) Ağır kremayı bir kasede kabarıncaya kadar çırpın. Bu kremayı süt karışımına ekleyin, eşit şekilde karıştırın ve karışımı kabuğa dağıtın.

d) Üç saat boyunca örtün ve soğutun. Ganaj için uygun bir tencereye kremayı ve çikolata parçacıklarını ekleyip çikolatalar eriyene kadar pişirin .

e) Bu ganajı pastanın üzerine dökün, üzerini tekrar örtün ve bir saat buzdolabında bekletin. Sert.

91.Vanilyalı Turta

İÇİNDEKİLER:

- 1 su bardağı şeker
- ⅓ bardak su
- 2 (14oz) kutu şekerli yoğunlaştırılmış süt
- 28 oz. tam yağlı süt
- 4 yumurta
- 1 yemek kaşığı vanilya özü

TALİMATLAR:

a) 375 derece F'de fırınınızı önceden ısıtın. Tereyağını bir tavada eritip 10 dakika, rengi kahverengi olana kadar pişirin. Suyu dökün ve iyice karıştırın. Bu karameli 10 inçlik bir tavaya yayın ve soğumasını bekleyin.

b) Vanilya, yumurta, süt ve yoğunlaştırılmış sütü bir tavada karıştırın ve karıştırarak iki dakika pişirin. Bu karışımı tavaya dökün, üzerini folyoyla örtün ve fırında bir buçuk saat pişirin.

c) Turtayı soğumaya bırakın ve servis tabağına ters çevirin. Sert.

92. Postre De Milo

İÇİNDEKİLER:

- 1 (14 oz.) kutu yoğunlaştırılmış süt
- 1 kutu (7,6 oz.) kutu kremalı süt
- 1 bardak süt
- 2 yemek kaşığı mısır nişastası
- Dilediğiniz kadar Milo veya başka çikolata aromalı malt tozu
- Ducale kurabiyeleri

TALİMATLAR:

a) Yoğunlaştırılmış süt ve süt kremasını uygun bir tencerede orta ateşte birleştirin.

b) Küçük bir kaseye veya bardağa süt ekleyin ve mısır nişastasını tamamen karışana kadar karıştırın. Topaklanmayı önlemek için düzenli olarak karıştırarak tencereye dökün.

c) Orta-düşük ateşte pişirmeye devam edin. Bundan sonra karışımı bitene kadar karıştırmayı bırakmayın. Karışımı yaklaşık bir dakika veya koyulaşana kadar kaynatın. Isıyı kapatın.

ç) 8x8 kare tavanın veya 8 inçlik dairesel tavanın altına bir kat sütlü puding ekleyin, ardından bir kaşıkla Milo tozunu tüm üst tarafa serpin. Her katmandaki Milo miktarı tamamen size bağlıdır. Üzerine eşit aralıklarla bir kurabiye tabakası yerleştirin.

d) Tüm süt karışımları bitene kadar pudingle işlemi tekrarlayın. Servis yapmadan önce dört saat boyunca plastik ambalajla kaplanmış şekilde buzdolabında saklayın. Dilimleyip servis yapın.

93.Muz Calados

İÇİNDEKİLER:

- 8 yemek kaşığı eritilmiş tereyağı
- 1 yemek kaşığı limon kabuğu rendesi
- 2 yemek kaşığı taze sıkılmış limon suyu
- 3 yemek kaşığı şeker
- 8 muz

TALİMATLAR:

a) Fırını önceden 350 Fahrenheit dereceye ısıtın. Pişirme spreyi sıkılmış bir Pyrex kabını bir kenara koyun.

b) Uygun bir karıştırma kabında ilk dört malzemeyi birleştirin. Karışımın yarısı Pyrex'e dökülmelidir. Muzları soyduktan sonra Pyrex kabına yerleştirin.

c) Kalan karışımı muzların üzerine dökün. En iyi kapsama alanı için bir fırça kullanın.

ç) Muzların rengi kahverengi olana kadar (20-30 dakika) yemeği pişirin.

d) Üzeri için dondurma, yoğurt veya soğuk sütle servis yapın.

İÇECEKLER

94.Kolombiyalı Refajo

İÇİNDEKİLER:
- 1 litre Kolombiya sodası
- 9 bardak bira
- 4 bardak buz
- 3 koruyucu çekim

TALİMATLAR:

a) Tarifin tüm malzemelerini uygun bir sürahide karıştırıp servis yapın.

95.Kolombiya Peynirli Sıcak Çikolata

İÇİNDEKİLER:

- 2 bardak süt
- 1 ½ yemek kaşığı şeker
- 2 ¼ oz bitter çikolata, doğranmış
- 1 ons mozzarella peyniri, küp şeklinde kesilmiş

TALİMATLAR:

a) Sütü uygun bir tencerede kısık ateşte, ılık hale gelinceye kadar düzenli olarak karıştırarak ısıtın. Çikolata parçalarını sütün içine karıştırın ve eriyene ve sütle karışıncaya kadar pişirin. Şekeri dökün.

b) Süt hafif kaynama noktasına gelince karıştırmaya devam edin. İki bardağın dibine birkaç küp mozzarella peyniri koyun.

c) Her kupayı yarıya kadar sıcak çikolatayla doldurun ve peynirin erimesi için iki-üç dakika bekletin. Eğlence!

96.Kolombiya Mercanı

İÇİNDEKİLER:

- 1½ oz yıllanmış Kolombiya romu
- 1 ons greyfurt suyu
- ½ ons limon suyu
- ¼ oz Marie Brizard çarkıfelek meyvesi şurubu
- Aranciata Rosa gibi 2 oz kan portakallı soda
- Garnitür için 1 kurutulmuş kan portakalı dilimi

TALİMATLAR:

a) Rom, greyfurt suyu, limon suyu ve çarkıfelek şurubunu bir kokteyl çalkalayıcıda birleştirin.
b) 30 saniye kadar çalkaladıktan sonra buzla dolu bir servis bardağına süzün.
c) Üzerine bir miktar kan portakallı soda ekleyin. Garnitür olarak kurutulmuş kan portakalı dilimi ile servis yapın.

97.Kolombiya Ananaslı Sıcak İçecek

İÇİNDEKİLER:
- 5 bardak su
- 1 ananas, soyulmuş, çekirdeği çıkarılmış ve doğranmış
- 1 ½ su bardağı şeker
- Aguardiente, tatmak

TALİMATLAR:
a) Ananas parçalarını blenderde gruplar halinde suyla pürüzsüz hale gelinceye kadar karıştırın.
b) Bir elek kullanarak suyunu süzün. Uygun bir tencerede meyve suyu ve şekeri birleştirin.
c) Kaynayana kadar pişirin, ardından orta dereceye düşürün ve 15 dakika pişmeye devam edin.
ç) Servis yapmak için aguardiente ve şekeri küçük bir tabakta birleştirin. Nemli kağıt havluyla ıslattığınız bardağın kenarını şekere batırın. Sert.

98.Kolombiya Hindistan Cevizi Kokteyli

İÇİNDEKİLER:
- Gerektiği kadar buz küpleri
- ¼ bardak rom
- ¼ bardak votka
- ¼ fincan tekila
- 2 su bardağı hindistan cevizi kreması
- 1 su bardağı hindistan cevizi suyu
- 3 limonun suyu
- Servis için limon dilimleri

TALİMATLAR:
a) Uygun bir karıştırıcıda, tarifteki tüm malzemeleri birleştirin ve pürüzsüz hale gelinceye kadar birkaç saniye karıştırın.
b) Karışımı bir bardak veya taze hindistancevizi ile doldurun.
c) Garnitür olarak hemen bir limon dilimi ile servis yapın.

99.Kolombiyalı Salpic Ón

İÇİNDEKİLER:
- 1 ½ su bardağı doğranmış elma
- 1 ½ su bardağı doğranmış çilek
- 1 ½ su bardağı doğranmış karpuz
- 1 ½ su bardağı doğranmış muz
- 1 ½ bardak doğranmış papaya
- 1 ½ su bardağı doğranmış portakal
- 1 ½ su bardağı doğranmış taze ananas
- 1 ½ bardak üzüm, kırmızı ve yeşil
- 1 ½ su bardağı doğranmış kivi
- 6 ½ bardak Sprite Zero veya diyet kola

TALİMATLAR:
a) Tarifin tüm malzemelerini uygun bir sürahide köpüklü sodayla birleştirin. Sert.

100. Portakal ve Aguardiente Kokteyli

İÇİNDEKİLER:
- 6 ons Kolombiyalı Aguardiente
- 2 ons limon suyu
- 4 ons portakal suyu
- 1 yemek kaşığı şeker
- 1 yumurta akı hafifçe karıştırılmış

TALİMATLAR:
a) Tüm malzemeleri buzla dolu bir kokteyl çalkalayıcıda iyice birleşip köpüklenene kadar karıştırın.
b) Servis bardağına süzün.

ÇÖZÜM

"EN İYİ KOLOMBİYA YEMEK KİTABI"a veda ederken, bunu, tadına varılan tatlara, yaratılan anılara ve yol boyunca paylaşılan mutfak maceralarına kalplerimiz şükranla dolu olarak yapıyoruz. Güney Amerika'nın zengin mirasını kutlayan 100 tarif aracılığıyla, Kolombiya mutfağının canlı dokusunu ve her yemeğin ardındaki hikayeleri keşfederek lezzet, kültür ve mutfak keşif yolculuğuna çıktık.

Ancak yolculuğumuz burada bitmiyor. Kolombiya mutfağına dair yeni ilham ve takdirle donanmış olarak mutfaklarımıza döndüğümüzde keşfetmeye, denemeye ve yaratmaya devam edelim. İster kendimiz, sevdiklerimiz veya misafirlerimiz için yemek pişiriyor olalım, bu yemek kitabındaki tarifler bir neşe ve bağlantı kaynağı olarak hizmet etsin, kültürler arasında köprü oluştursun ve yemeğin evrensel dilini kutlayalım.

, iyi yemeklerin, iyi arkadaşlıkların ve sevdiklerimizle yemek paylaşmanın verdiği basit zevkleri hatırlayalım. Kolombiya'nın canlı lezzetleri arasında bu mutfak yolculuğuna bize katıldığınız için teşekkür ederiz. Mutfağınız her zaman macera ruhuyla dolsun ve yarattığınız her yemek Güney Amerika'nın zengin mirasının bir kutlaması olsun. ¡Buen Provecho!

www.ingramcontent.com/pod-product-compliance
Lightning Source LLC
Chambersburg PA
CBHW070357120526
44590CB00014B/1165